개념있는 그리스도인

개념있는 그리스도인

김대광 지음

도서출판길

목차 Contents

프롤로그   6

Chapter 1 • 하나님은 인간에게 스스로 생각하게 하셨다

1장. 당신은 스스로 생각하는가?   17
2장. 생각의 기준은 무엇인가?   29
3장. 생각의 깊이와 넓이   38
4장. 주관적 생각과 객관적 논리   47

Chapter 2 • 개념을 정립하라

1장. 기준의 이해   61
2장. 기준의 선택   78
3장. 기준을 활용한 정의(定義)   90
4장. 개념을 점검하라   99

Chapter 3 · 개념있는 행동을 하라

1장. 말의 확신	121
2장. 행동의 소신	131
3장. 의식의 열정	143
4장. 삶의 가치	153

Chapter 4 · 개념있는 그리스도인

1장. 마음의 중심에서 작동되는 기준	169
2장. 개념있는 그리스도인의 삶이 개인과 공동체, 사회에 미치는 영향	180
3장. 지속적인 사고와 실천을 위한 제언	189
4장. 사고하지 않으면 누군가에게 지배받는다	195

맺음말   201

Prologue

프롤로그

'개념(槪念, Concept)'이란 무엇일까? 사전에서는 '어떤 사물이나 현상에 대한 일반적 지식'이라고 정의하지만, 그 의미는 단순히 사전적 설명에 머무르지 않는다. 개념은 인간이 사건과 문제들을 겪으며 경험한 것을 통하여 무엇인가를 기준으로 삼아 스스로 정립해 나가는 정신적 틀이다. 즉, 삶 속에서 부딪히는 문제와 의문 속에서 질문들을 통해 인간이 만들어 온 사고의 결과물인 셈이다.

우리는 살아가며 문제를 마주한다. 다행히 하나님께서는 인간에게 스스로 생각할 수 있는 능력을 주셨다. 고통과 시련은 단순히 괴로운 순간이 아니라 문제의 원인을 탐구하고 해결책을 모색하게 하는 계기가 된다. 성경에서 "그러므로 만군의 여호와께서 이와 같이 말씀하시되 보라 내가 내 딸 백성을 어떻게 처치할꼬 그들을 녹이고 연단하리라"(렘 9:7)고 하신 것처럼 하나님은 이러한 '타임아웃[1]'의 시간을 통해 우리로 하여금 깊이 고민하고 깨달음을 얻도록 인도하신다. 이 과정에서 우리는 개념을 형성하며 삶을 이해하는 틀을 세워 간다.

인류의 역사는 수많은 시련 속에서 개념을 정립해 온 긴 여정이었다. '국가란 무엇인가', '종교란 무엇인가', '인간이란 무엇인가'와 같은 질문은 고대 문명부터 끊임없이 이어져 왔다. 특히 1차 세계대전과 2차 세계대전 같은 거대한 비극은

---

1 타임아웃(Time-out): 농구·배구 경기 따위에서, 선수의 교체·휴식·작전의 지시 따위를 위하여 심판의 허락을 얻어 경기 진행을 잠시 멈추는 일. 이 시간은 경기 시간에 포함하지 않는다.

평화와 인간의 존엄이라는 개념을 더욱 선명히 드러냈다. 이는 인류가 피와 눈물의 대가를 치르며 얻어낸 소중한 결실이다. 오늘날 우리는 이러한 개념들이 정립된 세상에서 평화를 누리며 살아가고 있다.

우리나라도 예외는 아니다. 근현대사만 보더라도 일제강점기와 한국전쟁, 민주화 운동 등 정치적 혼란과 사회적 격변을 겪으며 개념을 정립해 왔다.

이러한 역사 속에서 하나님은 한국 교회가 스스로를 돌아보게 하셨다. 그러나 혼란 앞에서 교회는 속수무책이거나 저항할 힘조차 잃기도 했다. 일제강점기 때는 신사참배를 단순한 국가 의례로 왜곡했고 공산주의 이념이 밀려들자 생존을 위해 체제와 타협하거나 협조했다. 지금도 마찬가지이다. 반

성경적인 정책을 쏟아내는 정당을 공공연하게 지지하고 비판조차 받아들이지 않는다. 왜 그럴까? 필자는 그 원인을 그리스도인들이 기독교적인 개념을 정립하지 못한 채, 추상적이고 막연한 가치관을 가지고 있기 때문이라고 본다.

'그리스도인'이라는 명칭의 유래는 신약성경 사도행전 11장 26절에서 처음 등장한다. "제자들이 안디옥에서 처음으로 그리스도인이라 일컬음을 받게 되었더라"는 말씀대로 이는 단순한 종교적 명칭이 아니라 예수 그리스도를 따르는 사람들, 곧 그분의 가르침과 삶을 본받아 살아가는 자들을 가리키는 말이었다. 즉, 그리스도인은 교회에 다닌다는 형식적 의미나 단순한 종교적 호칭이 아니라 예수님의 가르침과 삶을 따라 살아가겠다는 정체성과 사명을 나타낸다. 그러나 기독교적인 개념을 갖지 못한 그리스도인은 하나님의 말씀과 뜻을 깊이 고민하지 않고 세상의 기준과 여론에 휘말려 그리스도인의 정체성을 뚜렷이 세우지 못한 채 살아간다. 성경은 "너희는 세상의 빛과 소금이 되라"(마 5:13~14)고 명령하지만 개념 없는 신앙은 빛도 소금도 될 수 없다. 막연한 믿음은 개인의 삶과 사회의 문제를 해결하는 데 아무런 힘을 발휘하지 못한다.

반면, 기독교적인 개념을 뚜렷하게 가지고 있는 그리스도인은 오히려 시련 속에서 하나님의 뜻을 분별하고 세상 속에서 그 뜻을 실천하는 사람이 된다. 이는 교리나 예배의 형식 자체에만 머무르는 것이 아니라 삶의 모든 영역에서 하나님을 드러내는 것을 의미한다. 한국 교회가 격동의 역사를 통해 얻은 교훈도 여기에 있다. 이제 우리는 막연한 신앙을 넘어 하나님의 말씀을 기준으로 개념을 세우고 실천하는 그리스도인이 되어야 한다. 그래야만 세상 속에서 참된 빛과 소금의 역할을 감당할 수 있을 것이다.

2025년 7월

Chapter 1

하나님은 인간에게
스스로 생각하게 하셨다

인간은 단순히 본능대로 살아가는 존재가 아니다. 먹고 자고 생존하는 것을 넘어서 스스로 질문하고 생각하고 의미를 찾는 존재다. 철학자 데카르트가 "나는 생각한다, 고로 나는 존재한다"고 말했듯, 사고(思考)는 인간 존재의 핵심이며 인간다움의 본질이다.

그러나 아이러니하게도 사람들은 스스로 생각하기를 멈춘 채 살아간다. 오늘날 많은 사람들은 매스컴을 통해 쏟아지는 정보를 수동적으로 수용한다. 감정과 유행에 휘둘리며 자신이 무엇을 믿고 왜 그렇게 판단하는지 묻지 않는다. 오늘날 우리는 다시 근본적인 질문 앞에 서야 한다.

"나는 지금, 스스로 생각하고 있는가?
아니면 누군가의 생각을 의식 없이 받아들이며 흘러가고 있는가?"

하나님은 인간을 자유의지와 사고력을 가진 존재로 창조하셨다. Chapter 1에서는 하나님께서 주신 생각하는 능력의 의미와 가치, 그리고 우리가 어떻게 그것을 의식적으로 훈련하고 사용해야 하는지를 네 가지 주제로 살펴보고자 한다.

1장	당신은 스스로 생각하는가?
2장	생각의 기준은 무엇인가?
3장	생각의 깊이와 넓이
4장	주관적 생각과 객관적 논리

- 세상의 소리에 휩쓸리지 말고,
하나님께서 주신 이성으로
거룩한 사고를 하며 스스로 생각하여
무엇이 진리인지, 무엇이 가치 있는
삶인지를 분별해야 한다.

1장

당신은 스스로 생각하는가?

　현대 사회는 정보가 넘쳐나는 시대다. 우리는 각종 방송과 유튜브, 블로그, 인스타그램, 뉴스, 설교, 팟캐스트 등 여러 매체를 통하여 매일 수많은 말과 주장, 영상과 감정을 접하며 살아간다. 그리고 그 안에서 스스로 생각하기보다 이미 주어진 생각을 소비하는 데 익숙해져 있다. 특히 그리스도인에게 이 문제는 더 중요해진다. 믿음은 사고 없이 가질 수 있는 것이 아니다. 성경은 하나님의 뜻을 깨달아 세상에서 분별력 있게 살라고 말한다. 하지만 오늘날 많은 신앙인은 "목사님이 그러시니까", "유명인이 그렇게 말하니까", "그게 사회 분위기니까"라는 이유로 성경에서는 무엇이라 하는지 점검하려고 하지 않은 채 자신의 신앙과 생각을 타인의 주장에 맡기고 살아간다.

우리는 건전한 비판적 사고를 통하여 사실을 검증하고 확인하려고 하기보다 있는 그대로를 받아들이는데 익숙하다. 스스로 생각하지 않고 믿음조차 수동적인 소비물이 되어버린 것이다.

하나님께서는 인간을 다른 피조물과 구별되게 창조하셨다. 그중 하나가 바로 사고하는 능력, 즉 이성(理性)을 주신 것이다. 이성은 단지 논리적으로 계산하는 능력이 아니라 진리를 탐구하고 의미를 묻고 하나님의 뜻을 분별할 수 있는 거룩한 도구다. 창세기 2장에서 하나님은 아담에게 다음과 같이 말씀하셨다.

"여호와 하나님이 그 사람에게 명하여 이르시되 동산 각종 나무의 열매는 네가 임의로 먹되 선악을 알게 하는 나무의 열매는 먹지 말라 네가 먹는 날에는 반드시 죽으리라 하시니라" 창세기 2:16~17

이 말씀은 단순한 규칙이 아니라 스스로 판단하고 선택할 자유를 주신 명령이다. 인간은 생각하고 분별하고 선택하는 존재로서 하나님 앞에 선다.

신약에서도 바울은 다음과 같이 권면하는데 바울이 말하는 분별이란 감(感)이 아니라 생각을 새롭게 하는 것에서 비롯되는 영적 통찰력이다.

> **"너희는 이 세대를 본받지 말고 오직 마음을 새롭게 함으로 변화를 받아 하나님의 선하시고 기뻐하시고 온전하신 뜻이 무엇인지 분별하도록 하라"** 로마서 12:2

우리는 왜 스스로 생각하지 않을까? 이유는 단순하다. 생각은 고단한 일이기 때문이다. 스스로 질문하고 판단하고 책임지는 과정은 때로는 불편하고 혼란스러우며 불확실함과 마주하게 만든다. 그래서 우리는 확실해 보이는 누군가의 말을 따르고 자신의 기준 없이 신앙도 'Ctrl C(복사) + Ctrl V(붙여넣기)' 식으로 받아들이려 한다. 그러나 하나님은 우리가 아무 생각 없이 무작정 따르는 종이 아니라 스스로 사고하며 분별하며 사랑으로 순종하는 자녀이길 원하신다. 그것이 하나님께서 인간에게 이성을 주신 이유이다.

예수님께서 사역하시던 당시, 유대 남자들은 예루살렘 성전을 유지하고 관리하며 제사장의 생계 등을 위한 운영비로 매년 성전세를 내야 했다. 이 세금은 출애굽기 30장 13~16절의 율법을 근거로 하는 강제적인 것이었다.

> "무릇 계수 중에 드는 자마다 성소의 세겔로 반 세겔을 낼지니 한 세겔은 이십 게라라 그 반 세겔을 여호와께 드릴지며 계수 중에 드는 모든 자 곧 스무 살 이상 된 자가 여호와께 드리되 너희의 생명을 대속하기 위하여 여호와께 드릴 때에 부자라고 반 세겔에서 더 내지 말고 가난한 자라고 덜 내지 말지며 너는 이스라엘 자손에게서 속전을 취하여 회막 봉사에 쓰라 이것이 여호와 앞에서 이스라엘 자손의 기념이 되어서 너희의 생명을 대속하리라" 출애굽기 30:13~16

마태복음 17장 24절에서 이 성전세를 받는 사람들이 베드로에게 와서 왜 당신들의 선생님은 성전세를 안 바치냐고 물었다. 베드로는 그들에게 바칠 것이라고 대답한 후에 예수님께 돌아갔다. 이 때 예수님은 베드로의 생각을 아시고 베드로에게 "시몬아, 너는 어떻게 생각하느냐?"라고 먼저 물으셨다. 예수님은 베드로에게 이 질문을 던지시므로 베드로의 생각의 방향을 바꿔놓고자 하셨다.

> **"이르되 내신다 하고 집에 들어가니 예수께서 먼저 이르시되 시몬아 네 생각은 어떠하냐 세상 임금들이 누구에게 관세와 국세를 받느냐 자기 아들에게냐 타인에게냐 베드로가 이르되 타인에게니이다 예수께서 이르시되 그렇다면 아들들은 세를 면하리라 그러나 우리가 그들이 실족하지 않게 하기 위하여 네가 바다에 가서 낚시를 던져 먼저 오르는 고기를 가져 입을 열면 돈 한 세겔을 얻을 것이니 가져다가 나와 너를 위하여 주라 하시니라"** 마태복음 17:25~27

성도들이 세상 사람들의 논리와 판단의 관점을 가지고 똑같이 생각하기에 하나님이 보이지 않는다. 베드로가 성전세를 받는 사람이 말하는 방향대로 생각했을 때 베드로가 보기에는 성전세를 내지 않는 예수님이 잘못한 일이었다. 그러나 예수님께서 말씀하신 관점에서 생각해보니 예수님은 성전의 주인으로 성전세를 내실 필요가 없었다. 단지 그들이 오해하지 않도록 성전세를 내실 뿐이었다.

이처럼 하나님은 하나님의 사람들이 스스로 생각하기 원하신다. 그리고 스스로 사고하고자 하는 자에게 밝히 조명(照明)해 주신다.

마태복음 16장 13~17절에서 예수님은 제자들에게 "사람들이 인자를 누구라 하느냐?"라고 물으셨다. 제자들은 자신들의 생각이 아니라 사람들이 예수님에 대해서 무어라 말하는지를 그대로 답했다.

> **"이르되 더러는 세례 요한, 더러는 엘리야, 어떤 이는 예레미야나 선지자 중의 하나라 하나이다"** 마태복음 16:14

그러자 예수님께서는 "너희는 나를 누구라 하느냐?"라고 다시 물으시며 그들 스스로 예수님이 누구신지를 생각하여 깨닫고 고백하기를 바라셨다. 그리고 베드로는 성령의 조명을 받아 "주는 그리스도시요 살아 계신 하나님의 아들"이라고 고백했다. 이에 예수님은 "이를 네게 알게 한 이는 사람이 아니요 하늘에 계신 내 아버지시니라"고 하시며, 그의 고백이 하나님께서 조명해 주셨음을 말씀하셨다.

> "시몬 베드로가 대답하여 이르되 주는 그리스도시요 살아 계신 하나님의 아들이시니이다 예수께서 대답하여 이르시되 바요나 시몬아 네가 복이 있도다 이를 네게 알게 한 이는 혈육이 아니요 하늘에 계신 내 아버지시니라" 마태복음 16:16~17

이처럼 하나님은 우리가 세상의 논리에 휩쓸리지 않고 말씀과 성령의 인도를 통해 스스로 사고하며 진리를 깨닫기를 원하신다. 그리고 그러한 자에게 참된 믿음과 깨달음을 통해 이해를 주신다.

인간은 스스로 생각하지 않으면 누군가가 제시한 논리에 끌려갈 수밖에 없고 마침내는 저항할 힘조차 없어진다. 스스로 생각하지 않는 삶은 단지 개인 신앙의 문제를 넘어서 시대와 역사의 소용돌이 속에서 더 큰 위험을 초래한다.

해방 이후, 북한 지역의 그리스도인들은 급변하는 정치 상황 속에서 큰 혼란에 빠졌다. 공산주의 이념이 확산되고 북한 정권이 사회주의 국가 건설을 선언하자 많은 교회와 목회자들은 선택의 기로에 서게 되었다. 바로 이 시기에 북한 정권은 기독교를 체제 안에 편입시키기 위해 1946년, '조선기독교연맹(조기련)'을 창립했다. 조기련은 창립 선언문을 통해 다음과 같이 밝혔다.

> "우리는 새 조선의 건설을 위하여 사회주의 정책을 지지하며, 기독교 정신으로 국가 발전에 이바지할 것이다."

조기련은 겉으로 그리스도인의 권익을 대변한다고 했지만, 실제로는 사회주의 체제에 순응하고 정권을 지지하도록 유도하는 도구였다. 문제는 당시 일부 목회자들이 이것을 분별하지 못한 채, 공산주의 정권이 제시하는 '평등'과 '사회 개혁'이라는 달콤한 명분에 동조했다는 점이다. 대표적으로 강량욱 목사와 고기준 목사가 있다. 강량욱은 김일성의 외삼종조부[2] 로서 조선기독교연맹의 창립을 주도하고 중앙위원회 위원장으로 활동하며 정권의 토지개혁과 사회주의 정책을 적극 지지했다. 그는 1972년 부주석으로 임명될 정도로 정권과 밀착하여 기독교 신앙보다는 반기독교적인 정치적 역할에 충실했으며 1983년까지 북한 체제 내에서 안정적인 말년을 보냈다. 마찬가지로 고기준 목사는 해방 이후 연맹의 서기장으로서 1980년대부터 1990년대 초반까지 국제 무대에서 북한 정권의 대외 선전 활동을 이끌며 남한 기독교 단체와의 교류를 통해 체제 이미지를 개선하려 했다. 그는 정권의 통제 아래 기독교 활동을 정치적 도구로 활용하며 말년을 보냈다. 강량욱과 고기준은 공산주의의 이념적 유혹과 정권의 명분에 동조함으로써 기독교 신앙의 본질을 훼손하며 북한 체제에 순응한 대표적 사례로 남는다.

이처럼 북한땅에서 조기련에 참여했던 목회자들과 교회는 결국 정권의 통제 아래 놓였고 교회는 신앙 공동체가 아니라 체제 선전에 이용되는 기관으로 전락하고 말았다. 이들의 사례는 성경을 기준으로 스스로 생각하지 않는 신앙은 쉽게 세상의 논리에 휩쓸리고 결국 하나님보다 사람과 권력의 뜻을

2 　어머니의 외삼촌

따르게 된다는 것을 우리에게 분명하게 말해준다. 하나님은 언제나 당신의 백성이 스스로 분별하기 원하신다. 세상의 소리에 무조건 따르지 않고 하나님의 말씀 위에서 무엇이 참된 진리인지 묻고 생각하며 행동하기를 원하신다.

그렇다면 스스로 생각하고 분별했던 사람은 어떻게 시대를 바꿀 수 있었을까?

조선 말기는 나라가 혼란에 빠지고 열강의 침탈 속에서 사대주의와 운명론에 젖어 있던 시기였다. 외세에 기대어 살아남으려 하거나 그저 시대의 흐름에 순응하며 뚜렷한 소신이나 생각 없이 하루하루를 살아가던 이들이 대부분이었다. 그러나 그런 시대 속에서도 스스로 생각하고 가치를 발견하며 한 걸음 앞서 미래를 준비한 사람이 있었다.

청년 이승만은 조선이 왜 약해졌는지, 어떻게 해야 진정한 독립을 이룰 수 있는지를 깊이 고민했다. 당시 조선에는 '국민', '자유', '국가'라는 개념조차 희박했다. 대부분의 사람들은 여전히 '왕이 곧 나라다'라고 생각했고 백성은 그저 통치를 받는 존재일 뿐이라고 여겼다. 하지만 이승만은 여기에 의문을 던졌다.

"나라의 주인은 누구인가?"
"진정한 독립이란 무엇인가?"

그는 이 질문을 붙잡고 치열하게 고민했고 그 생각의 결과물이 바로 1898년에 집필한 『독립정신』이었다. 이승만은 『독립정신』에서 조선 백성에게 진정한 독립은 외세로부터의 해방만이 아니라 국민 스스로가 자유와 권리를 깨닫고 지킬 때 이루어진다고 힘주어 말했다. 그는 당시 조선인들이 당연하게 여기던 모든 관습과 사고방식에 도전장을 내밀었다. 사대주의와 신분제, 운명론을 거부하고 자주적 국가를 세워야 한다고 주장했다. 그리고 이승만의 이 같은 사상은 단순한 이론이 아니었다. 훗날 대한민국이 자유민주주의 국가로 세워지는 데 중요한 기초석이 되었고 많은 지식인과 청년들에게 새로운 시대의 관점을 제시했다.

역사는 우리에게 스스로 생각하지 않은 이들은 시대의 흐름에 휩쓸려 사라졌지만 스스로 생각하고 분별한 사람은 시대를 바꾸었다고 증언하고 있다. 북한의 일부 교회 지도자가 정권의 논리에 순응하며 신앙을 버렸던 것과 달리 이승만은 생각하는 힘으로 자유와 독립이라는 가치를 세웠다. 오늘날을 살아가는 우리 역시 마찬가지다. 세상의 소리에 휩쓸리지 말고 하나님께서 주신 이성으로 거룩한 사고를 하며 스스로 생각하며 무엇이 진리인지, 무엇이 가치 있는 삶인지를 분별해야 한다. 하나님은 지금도 우리에게 묻고 계신다.

"너는 어떻게 생각하느냐?"

관련 영상보기
• 아담이 하와가 준 선악과를 먹은 이유

2장

생각의 기준은 무엇인가?

　사람은 누구나 자신의 개념을 형성할 때 반드시 어떤 기준점을 토대로 사고하고 해석한다. 문제는 대부분 이 기준이 의식되지 않은 채 작동한다는 것이다. 우리는 때때로 스스로 합리적이라고 생각하지만 실제로는 다수의 의견이나 습관, 감정, 과거 경험, 사회 분위기, 또는 미디어에 의존해 사고하는 경우가 많다.

　신앙 역시 마찬가지다. 신앙적인 결정을 내릴 때에도 우리는 늘 어떤 기준에 따라 선택하고 판단하며 행동한다. 그 기준이 무엇인지 스스로 인식하지 못한다면 결국에는 믿음도 세상의 소리와 뒤섞여 혼미해지기 쉽다.

우리는 기준 없이 생각하지 않는다. 다만 기준을 인식하지 못한 채 따라갈 뿐이다. 미국의 개혁 복음주의 철학자인 제임스 사이어(James W. Sire)는 "모든 사람은 자신만의 세계관을 가지고 있으며 새로운 개념이나 지식은 이 '세계관'이라는 기준점을 통해 받아들여진다"고 말했다.[3] 즉, 인간은 어떤 생각이든 무(無)에서 받아들이는 것이 아니라 이미 형성된 기준점 즉, 세계관을 통해 필터링하고 해석한다는 것이다. 이 말은 곧 누구나 자신의 내면 깊숙이 생각과 삶을 관통하는 무형의 렌즈를 하나씩 가지고 있으며 그 렌즈가 어떤 색을 띠고 있느냐에 따라 같은 말씀이나 같은 현실도 전혀 다르게 해석할 수 있다는 뜻이다.

예를 들어, "하나님의 사랑"이라는 개념을 율법적 세계관으로 보면 조건부 사랑으로 느끼게 되고 기복적 중심의 세계관으로 보면 잘못까지 감싸주는 무비판적인 사랑으로 여겨질 수 있다. 반면 복음 중심의 세계관으로 보면 무조건적인 은혜

---

3 《기독교 세계관과 현대사상》, IVP, 2007

이지만 회개한 자만이 용서의 사랑을 온전히 누릴 수 있다는 사랑으로 그 의미를 받아들인다. 따라서 기준을 점검하고 정렬하고 선택하는 일은 곧 우리의 신앙 전체를 좌우하는 결정적인 작업이다.

이처럼 기준의 선택이 개념의 방향을 결정한다. 그런데 그 기준을 스스로 선택하지 않으면 기준이 우리를 선택하게 된다. 즉, 기준은 늘 우리 안에서 작동하고 있는데 그 기준이 무엇인지 인식하지 못할 때 타인의 판단이나 사회 분위기, 감정에 휘둘리게 된다는 것이다. 이러한 기준을 스스로 선택하지 않으면 미디어나 사회 분위기 또는 감정이 나 대신 그 기준을 만들어 버린다.

당신이 기준으로 삼고 있는 것이 무엇인지 자각하고 그 위에 전통이나 이념, 사상 등을 균형 있게 정렬해야 한다. 신앙인이라면 성경, 즉 하나님의 말씀을 기준으로 삼아야한다. 그렇게 할 때 우리는 혼란의 시대 속에서 분별력 있는 신앙인으로서 생각하고 판단하며 행동할 수 있게 된다.

사도행전 10장은 기준의 변화가 얼마나 근본적인 사고의 전환을 이끌 수 있는가를 잘 보여준다. 베드로는 철저한 유대인이었고 율법을 기준 삼아 이방인과의 교제를 금기시하며 살아왔다. 그의 생각에는 "하나님의 백성 = 유대인"이라는 선민의식이 깊이 자리 잡고 있었다. 그러던 어느 날, 그는 기도 중에 환상을 보았다. 하늘에서 내려온 보자기 안에는 율법상 부정한 각종 짐승들이 있었고 하나님은 말씀하셨다.

> "또 소리가 있으되 베드로야 일어나 잡아 먹어라 하거늘 베드로가 이르되 주여 그럴 수 없나이다 속되고 깨끗하지 아니한 것을 내가 결코 먹지 아니하였나이다 한대 또 두 번째 소리가 있으되 하나님께서 깨끗하게 하신 것을 네가 속되다 하지 말라 하더라"
>
> 사도행전 10:13~15

이 환상은 단지 음식에 대한 규례가 아니라 기준의 전환을 요구하는 영적인 메시지였다. 하나님은 베드로가 가진 전통과 율법에 고정된 기준을 넘어서 하나님의 시선, 즉 복음적 시선으로 세상을 보고 이방인을 향해 나아가길 원하셨다. 이후 베드로는 이방인인 고넬료의 초청을 받아 그의 집에 방문하게 되었고 다음과 같이 고백했다.

> "베드로가 입을 열어 말하되 내가 참으로 하나님은 사람의 외모를 보지 아니하시고 각 나라 중 하나님을 경외하며 의를 행하는 사람은 다 받으시는 줄 깨달았도다" 사도행전 10:34~35

이 사건은 단지 한 명의 변화가 아니었다. 복음이 유대인을 넘어 온 세상으로 확장되기 시작한 기점이었다. 베드로는 자신도 모르게 작동하고 있던 민족 중심적 기준을 자각했고 하나님의 계시 앞에 그 기준을 내려놓았다. 그리고 하나님의 뜻에 따라 기준을 새롭게 선택하고 받아들였다.

우리는 베드로처럼 자신의 사고의 기준을 자각하고 변화시킨 사람들을 어렵지 않게 찾아볼 수 있다. 특히, 북한에서 탈북해 대한민국에 정착한 사람들 가운데 사고방식의 기준을 전환함으로써 삶을 새롭게 개척한 사람들은 기준의 중요성을 더욱 분명하게 보여준다.

북한은 철저한 전체주의적 사고와 집단주의, 그리고 국가 의존적 사고방식을 기준으로 삼는 사회이다. 그런 환경에서 자란 사람들이 자유민주주의 체제인 대한민국에 와서 가장 먼저 부딪히는 것은 단순한 문화의 차이가 아니라 사고의 기준이 완전히 다르다는 충격이다. 대부분의 탈북민들이 이 기준의 차이로 인해 혼란을 겪지만 일부는 스스로 그 기준이 잘못되었음을 깨닫고 새로운 삶의 방향을 찾아냈다.

그들은 북한에서는 국가가 모든 것을 정해주는 사회였기에 탈북 후 대한민국에 와서 처음으로 '자유'라는 개념을 접하고 스스로 선택하고 책임지는 방식이 낯설고 혼란스러웠다고 말한다. 그리고 자신의 생각의 기준을 다시 선택하고 노력하여 스스로의 내일을 개척한 사람들은 남한 땅에서도 잘 정착하며 살고 있음을 볼 수 있다. 이들의 이야기는 단순한 성공담이 아니라 기준을 인식하고 바르게 선택할 때 삶 전체가 달라질 수 있다는 증거다.

우리도 마찬가지다. 기준을 무의식적으로 따라가는 것이 아니라 스스로 어떤 기준 위에 서 있는지를 자각해야 한다. 그리고 신앙인이라면 세상의 기준이 아니라 하나님의 말씀을 기준으로 삼아야 한다. 그래야 우리는 혼란의 시대 속에서도 분별력 있게 생각하고 판단하며 행동하는 삶을 살 수 있다.

기준의 변화는 개인의 삶에만 국한되지 않는다. 한 사람의 사고 기준이 바뀌면 그 인생이 달라지듯, 지도자가 품은 기준이 바뀌면 나라 전체의 방향도 바뀔 수 있다. 박정희 대통령은 1962년, 대한민국이 여전히 극심한 빈곤과 절망 속에 있을 때 과감하게 '경제개발 5개년 계획'을 발표했다. 당시 한국은 세계 최빈국이라는 오명을 쓰고 있었고 국내외 전문가들조차 한국의 경제 발전 가능성에 대해 회의적인 시선을 보냈다. 사람들은 그런 계획은 선진국에서나 가능한 일이라며 비웃었다. 그러나 박정희 대통령은 현실에 안주하거나 외부의 평가에 휘둘리지 않았다. 그는 국민에게 우리나라가 가난한 것은 자원이 없어서가 아니라 우리 스스로 그렇게 살아도 된다고 믿기 때문이라며 다음과 같이 말했다.

"의욕이 없는 그러한 민족은 아무리 남이 도와주더라도 결코 자립할 수 없는 것입니다." 1966년 12월 17일 제3주년 기자회견

이 한마디는 단순한 정책 선언이 아니었다. 박정희 대통령은 국민에게 새로운 생각의 기준을 제시했다. 그는 그동안 운명론과 패배주의, 의존적 사고가 지배하던 사회에 근면, 자조, 자립이라는 주체적 가치 기준을 심었다. '잘 살아보세'라는 구호 아래, 국민 스스로가 자신의 가능성을 믿고 책임지는 사고방식을 갖도록 독려했다.

지도자의 기준 변화는 국민의 사고를 바꾸었고 그 결과 대한민국은 불가능해 보였던 경제 성장을 이루며 세계가 주목하는 기적을 만들어냈다. 박정희 대통령이 세운 새로운 기준은 단순한 경제 계획이 아니라 국민의 의식 개혁이었고 이는 나라 전체의 운명을 바꾼 결정적 전환점이 되었다. 이처럼 기준은 개인의 삶을 바꿀 뿐 아니라 공동체와 국가의 운명까지 좌우한다.

베드로가 기준을 바꿨을 때 복음이 온 세상으로 확장되었

고 한국 땅에 잘 정착한 탈북자들은 사고의 틀을 깨고 새로운 인생을 시작했다. 그리고 박정희 대통령은 한 나라의 미래를 바꾸었다. 결국, 사고와 판단의 기준을 어떻게 세우느냐는 우리의 신앙과 삶, 그리고 넓게는 사회와 국가 전체를 결정짓는 핵심이 된다.

3장

생각의 깊이와 넓이

 인간은 아는 만큼 생각하고, 보고 듣는 만큼 사고의 폭이 넓어진다. 생각은 결코 허공에서 생겨나지 않는다. 우리의 사고는 지식과 경험이라는 토양 위에 자라며 그것이 깊어지고 확장 될수록 생각의 무게와 영향력도 커진다.

 생각은 지식을 바탕으로 성장한다. 더 깊은 이해를 위해 생각은 더 많은 정보와 더 넓은 관점을 요구한다. 지식은 생각을 풍성하게 만들고 생각은 지식을 소화하며 내면화한다. 생각과 지식은 톱니바퀴처럼 맞물려 서로를 강화시키며 그렇게 축적된 사고는 스노우볼처럼 굴러가며 더 근본적이고 본질적 개념, 그리고 더 깊은 통찰력으로 확장된다.

이처럼 단편적인 생각이 아니라 누군가를 공감하고 설득할 수 있는 개념으로 정리되고 체계화되기 위해서는 반드시 깊은 이해와 넓은 시야가 필요하다. 깊이 없는 생각은 쉽게 무너지고 넓지 못한 생각은 자기 주관에 갇혀 쉽게 다른 사람을 배척하게 된다. 그래서 생각하는 사람은 머릿속에 떠오르는 감정이나 관념들을 곧바로 받아 들이고 믿기 보다는 그것을 확인하고 검증하며 확신에 도달하고자 한다. 그렇게 얻은 확신은 삶의 중요한 결정을 흔들림 없이 이끌어가게 하는 내면의 뿌리가 된다. 반면, 얕은 지식 위에 세워진 생각은 불안과 두려움을 동반하고 부정적 예측이나 섣부른 포기로 이어지기 쉽다.

신앙 역시 예외가 아니다. 하나님에 대한 생각도 성령께서 조명해 주시는 도움 없이는 이단이나 그릇된 논리로 빠지기 쉽다. 그러므로 신앙인은 성령의 도우심을 끊임없이 구하며 하나님을 아는 지식이 단순한 정보가 아니라 성령의 조명으로 얻은 깨달음으로 이어지도록 해야 한다. 이러한 과정을 통해 성도는 넓고 깊은 관점을 가지게 되고 현실의 문제에 매몰되지 않고 하나님의 섭리를 이해하는 안목을 갖게 된다. 그렇게 될 때 성도는 시험에 들거나 흔들리지 않으며 견고한 신앙의 중심을 지킬 수 있게 된다. 즉, 성도는 우연한 결과로 시험에 드는 것이 아니라 그가 무엇을 기준으로 보고 어떻게 해석하느냐에 따라 시험에 들 수도 있고 시험을 이겨낼 수도 있는 것이다.

구약성경의 하박국 선지자는 불의한 현실 앞에서 하나님께 깊은 질문을 던진 인물이었다. BC 7세기 말, 하박국이 활동하던 시기는 남유다 왕국 말기로 요시야 왕이 죽고 나서 유다가 급속히 혼란에 빠지던 시점이다. 요시야는 신앙 개혁과 율법 중심의 통치를 시도했지만 그가 전사한 후에 뒤를 이은 여호아하스, 여호야김 등 왕들은 정치적으로 무능했고 부정부패와 폭력이 만연한 사회를 만들었다. 게다가 국제적으로는 강대국 앗수르 제국이 몰락하고 신흥 제국 바벨론이 부상하던 시기였다. 유다는 밖으로는 외교적으로 압박을 받고 있었고 내부적으로는 정의가 사라졌으며 악인이 의인을 억압하는 사회 구조가 굳어져가고 있었다. 이런 혼란한 시대에서 하박국 선지자는 단지 개인의 고통이 아닌 당시 사회 전체에 만연한 부패와 혼란을 직면하며 하나님께 어찌하여 주께서는 악이 넘치는 이 땅을 그냥 보고만 계시는 것이냐고 물었다.

"여호와여 내가 부르짖어도 주께서 듣지 아니하시니 어느 때까지리이까 내가 강포로 말미암아 외쳐도 주께서 구원하지 아니하시나이다 어찌하여 내게 죄악을 보게 하시며 패역을 눈으로 보게 하시나이까 겁탈과 강포가 내 앞에 있고 변론과 분쟁이 일어났나이다 이러므로 율법이 해이하고 정의가 전혀 시행되지 못하오니 이는 악인이 의인을 에워쌌으므로 정의가 굽게 행하여짐이니이다" 하박국 1:2~4

그리고 하나님께서는 그의 질문 앞에 하나님께서 바벨론을 일으켜 유다를 심판하겠다는 말씀으로 응답하셨다.

"보라 내가 사납고 성급한 백성 곧 땅이 넓은 곳으로 다니며 자기의 소유가 아닌 거처들을 점령하는 갈대아 사람을 일으켰나니"

하박국 1:6

그러나 하나님의 대답은 하박국에게 더 큰 충격을 안겼다. 그의 생각에 바벨론은 유다보다 더 악한 민족이었던 것이다. 그는 다시 질문했다.

"주께서는 눈이 정결하시므로 악을 차마 보지 못하시며 패역을 차마 보지 못하시거늘 어찌하여 거짓된 자들을 방관하시며 악인이 자기보다 의로운 사람을 삼키는데도 잠잠하시나이까" 하박국 1:13

하박국은 왜 하나님께서 유다보다 더 악한 바벨론을 도구로 쓰셔서 유다를 멸망하게 하시는 것인지 이해할 수 없었다. 그러나 이 두 번째 질문에 대답하신 하나님의 말씀을 통해 하박국은 단지 문제 해결이 아니라 하나님의 관점으로 세상을 볼 수 있게 되었다.

"의인은 그의 믿음으로 말미암아 살리라" 하박국 2:4

하박국은 그 말씀 앞에서 더 이상 세상의 현실적인 모순만을 바라보지 않게 되었고 하나님의 공의와 섭리를 신뢰하는 모습을 갖추게 되었다. 그리고 마침내 이렇게 고백하게 되었다.

"비록 무화과나무가 무성하지 못하며 포도나무에 열매가 없으며 감람나무에 소출이 없으며 밭에 먹을 것이 없으며 우리에 양이 없으며 외양간에 소가 없을지라도 나는 여호와로 말미암아 즐거워하며 나의 구원의 하나님으로 말미암아 기뻐하리로다" 하박국 3:17~18

하박국은 "정의가 꺾이고 악이 형통하는 이 세상에서 하나님은 왜 침묵하시는가?"라는 비참한 감정을 그냥 지나치지 않았고 하나님께 질문했다. 그리고 그의 질문은 사고로 이어졌고 그의 사고의 깊이와 넓이는 하나님의 섭리를 보는 관점을 얻음으로 완성되었다.

우리나라의 역사 속에서도 대한민국 초대 대통령인 이승만 대통령은 깊고 넓은 생각과 안목으로 시대를 이끌었다. 1945년 해방 이후, 한반도는 혼란 그 자체였는데 민족 전체가 독립의 기쁨을 누릴 틈도 없이 강대국들의 이해관계 속에

분단의 위기가 닥쳐왔다. 이때 많은 이들은 '통일'이라는 명분에만 매달렸다. 김구 선생 역시 순수한 애국심으로 어떻게든 하나 된 조국을 세우고자 했다. 하지만 "좌우 이념을 넘어 하나의 조선"이라는 말처럼 그가 바라본 통일은 너무나 이상적이었고 현실에서 공산주의 세력의 실체를 간과한 채 1948년 4월 평양에서 추진된 남북협상은 실패로 끝났다.

반면, 이승만 대통령은 달랐다. 그는 단순히 당장의 감정적 통일을 외치기보다 냉철하게 국제 정세와 북한의 공산화 상황을 분석하여 깊은 사고와 넓은 시야로 한반도의 미래를 내다봤다. 그는 자유 없는 통일은 또 다른 형태의 지배이고 공산주의 아래에서의 통일은 결국 민족 전체가 노예가 되는 길임을 알고 있었다. 그래서 "차라리 반쪽이라도 자유민주주의 국가를 세우겠다[4]"고 외칠 수 밖에 없었다.

이승만 대통령의 선택은 많은 이들에게 비판과 오해를 받았다. 당시 대중의 정서는 '무조건 통일'이었고 분단을 인정하

---

4   1948년 8월 15일, 대한민국 정부 수립을 기념하는 제1대 대통령 취임사 中

는 듯한 그의 주장은 냉혹하게 들렸다. 그러나 결과적으로 이승만의 사고는 김구보다 더 넓고 깊었다. 그는 당대의 분위기에 휩쓸리지 않고 자유라는 본질적 가치를 지키기 위해 결단했다. 그에게는 누구보다 더 깊고 넓은 사고의 틀이 있었기에 대한민국은 공산주의 체제가 아닌 자유민주주의 국가로 태어날 수 있었다. 그리고 오늘날 우리가 누리는 경제 성장과 인권, 신앙의 자유가 꽃필 수 있었다.

이승만 대통령은 단지 현실에 대한 반응이 아니라 하박국 선지자처럼 깊은 질문과 사고를 통해 본질을 꿰뚫는 결단을 내린 인물이다. 그는 시대의 표면 뒤에 감추어져 있는 하나님의 섭리와 자유의 본질적 가치를 바라보며 역사의 방향을 설정했다.

생각의 깊이와 넓이는 단지 지식을 많이 아는 것이 아니다. 어떤 기준으로 세상을 해석하고 무엇을 본질로 삼아 결단하느냐에 따라 그 사람의 사고는 미래를 열 수도, 현실에 갇힐 수도 있다. 하박국이 현실을 넘어 하나님의 섭리를 보았듯 이승만은 혼란의 시대 속에서도 자유와 책임이라는 가치를 지키며 민족의 미래를 준비했다. 우리 역시 신앙과 삶 속에서 감정이나 분위기에 휩쓸리는 것이 아니라 깊이 있는 사고와 넓은 안목으로 하나님의 뜻과 본질을 붙잡아야 한다.

관련 영상보기

• 하박국의 기도

4장

주관적 생각과 객관적 논리

 인간은 사회적 존재다. 즉, 혼자 살아가는 것이 아니라 타인과 관계를 맺고 공동체 속에서 살아간다. 고대 그리스 철학자 아리스토텔레스는 '인간은 정치적 동물'이라고 말하며 인간이 사회를 이루고 살아가는 존재임을 강조했다.

 그러므로 한 개인의 사고가 그의 내면에서 시작될지라도 그것이 사회 속에서 공유되고 소통되기 위해서는 객관화와 보편화의 과정이 필요하다. 주관적인 생각에만 머무르면 스스로 고립되거나 자신이 속한 사회에 대한 반감으로 이어질 수밖에 없다. 사고를 통해 개념을 형성하는 것도 중요하지만 그 개념을 객관적이고 논리적이며 보편적인 형태로 다듬어 타인과 공유하는 일은 더 어렵고 복잡한 과정이다.

예를 들어, 내가 어떤 생각을 '옳다'고 느꼈다고 해도 그것을 다른 사람에게 납득시키기 위해서는 "왜 그것이 옳은가"에 대한 객관적인 근거와 논리가 필요하다. 그렇지 않으면 그 생각은 내 안에만 머물며 고립된 신념으로 전락할 수밖에 없다. 주관적인 확신만을 고수할 경우, 사람은 점점 타인과의 관계에서 멀어지거나 자신이 속한 공동체를 부정하게 될 수도 있다.

실제로 어떤 이들은 자신만의 기준과 정의를 가지고 살면서 그것을 사회와 공유하려는 노력 없이 세상과 단절된 삶을 선택한다. 이럴 경우 아무리 생각이 깊더라도 공감받지 못하며 외로움과 단절을 경험하게 된다.

예를 들어 수도사들은 세상과 거리를 두고 수도원 안에서 평생을 지내며 내면의 수양과 하나님과의 깊은 교제를 추구한다. 물론 이러한 삶은 경건과 헌신의 상징으로서 존중받을 만하다. 그러나 세상 속에서 빛과 소금의 역할을 감당하라는 성경의 부르심과는 거리가 있을 수 있다. 오직 자신의 내면에만 몰두하고 사회와의 소통이나 책임을 단절한 채 살아간다면 아무리 고결한 신념을 품고 있더라도 그것이 공동체에 영향을 미치지 못한 채 자신만의 공간에 갇혀버릴 수 있다. 신앙과 생각은 결국 삶의 현장 속에서 실현되고 나눌 때 비로소 살아 있는 힘이 된다.

생각을 객관화한다는 것은 단순한 개념 정리 그 이상이다. 그것은 타인과 소통하고 비판을 견디며 때로는 오해와 공격을 감수하는 일이다. 하지만 이 과정을 거치지 않는다면 '사고하는 존재'라는 사실 자체가 오히려 외로움과 고통의 이유가 될 수 있다.

마틴 루터는 "오직 믿음으로 구원받는다"는 신념을 단순한 개인의 확신으로만 간직하지 않았다. 그는 이 믿음을 자신의 마음속 신념으로 끝내지 않고 시대와 교회를 향한 언어로 발전시켰다. 루터는 자신의 신앙적 확신을 『95개조 반박문』이라는 문서로 객관화했고 그 문서를 1517년 비텐베르크 성당 문에 내걸어 세상 앞에 자신의 신념을 선언했다. 이 문서는 단순한 항의의 표명이 아니라 성경적 근거와 신학적 논증을 토대로 한 체계적인 것이었다. 루터는 자신의 내면적 깨달음을 객관적인 근거를 통해 공론의 장으로 이끌어냈고 이를 통해 교회의 부패와 면죄부 판매라는 구체적 문제를 지적했다. 그는 수많은 비판과 위협 속에서도 신앙 개혁을 향한 자신의 생각을 끝까지 밀고 나갔다. 교황청의 압박, 로마 가톨릭교회의 파문, 심지어 살해의 위협 앞에서도 그는 자신의 입장을 철회하지 않았다. 만약 루터가 자신의 확신을 단지 마음속에만 간직하고 있었다면 혼자 고통받다 사라졌을 것이다. 그러나 그는 객관적인 언어와 논리, 그리고 성경이라는 권위로 자신의 신념을 설명했다. 그 결과 그의 믿음은 개인적인 신념에서 공동체적 진리로 확장되었다. 그리고 더 나아가 종교개혁이라는 거대한 물결로 발전할 수 있었다. 루터의 사례는 개인의 주관적인 사고가 객관화될 때 그것이 사회와 역사에 영향을 미치는 실질적인 힘이 될 수 있음을 잘 보여준다.

사도 바울 역시 신앙의 전환을 개인적인 주관적 감정에만 의존하지 않았다. 다메섹 도상에서 예수님을 만난 이후, 단순히 극적인 체험의 감정에 머무르려 하지 않았다. 그는 자신의 경험을 해석하고 정리하기 위해 수년간 아라비아와 다소에서 시간을 보내며 성경 연구와 기도, 깊은 묵상과 내적 훈련의 시간을 가졌다.[5] 바울에게 신앙은 순간적인 감동이 아니라, 그 감동을 진리로 검증하고 사상으로 정리하며 다른 사람에게 설득할 수 있는 언어로 표현해내는 과정이었다. 그는 이 과정을 거쳐 복음을 체계화했고 유대인에게는 율법과 선지자들의 언어로, 헬라인에게는 철학과 지혜의 언어로, 로마 시민에게는 법과 정의의 언어로 복음을 전했다. 그는 아테네의 아레오바고에서는 철학자들과 토론하며 하나님을 "너희가 알지 못하고 섬기는 신"으로 설명했고[6] 각 지역의 회당에서는 율법학자들과 성경을 근거로 논쟁하며 예수 그리스도의 구속 사역을 변증했다. 바울은 어디서든 "내가 이렇게 느낀다"라고 주장하지 않았다. 그는 "왜 이것이 진리인가", "왜 이것이 모든 사람의 복음인가"를 성경적 근거와 논리적 설명으로 풀어냈다. 뿐만 아니라 그는 수많은 서신서를 통해 성령께서 계시해 주신 신앙과 복음에 대한 이해를 글로 남겼다. 그의 서신들은 단순한 개인의 간증이 아니라 교리와 신학, 실천적 윤리까

---

5 갈라디아서 1:17~18
6 사도행전 17장

지 담아낸 조직적 신앙 문서였다.

만약 바울이 자신의 체험을 단순히 개인적 감동으로만 간직했다면 복음은 그의 안에 머물고 말았을 것이다. 그러나 그는 자신의 체험과 성령께서 계시해 주신 것들을 논리와 설득의 언어로 객관화했다. 그러하기에 그의 서신은 교회와 역사를 변화시키는 진리로 확장될 수 있었다.

이승만 대통령도 해방 직후 혼란한 정국 속에서 누구보다 분명한 주관적 신념을 가지고 있었다. 그것은 바로 반드시 자유민주주의 국가를 세워야 한다는 확신이었다. 그러나 그 확신은 당시 대다수 국민에게는 낯설고 심지어 비현실적인 주장처럼 들리기도 했다. 당시 사람들은 이념의 심각성을 모른 채 무조건 통일만을 외치며 시대 분위기에 따라 감정적으로 흐르고 있었다.

그는 자신의 생각을 단순한 소신으로 고수하는 데 그치지 않았다. 그는 객관적 논리와 설득을 통해 자신의 신념을 국민적 합의로 끌어올렸다. 1946년, 그는 유명한 정읍 발언을 통해 국민 앞에 이렇게 선언했다.

"나는 남북이 합의되지 않으면, 남한만이라도 임시정부를 세워야 한다고 믿습니다. 자유는 스스로 지켜야 하며, 공산주의와의 협상은 민족을 노예로 만드는 길입니다." 이승만, 정읍 발언, 1946년 6월

이 발언은 당시 큰 충격을 주었다. 일부 사람들은 그를 분단을 초래한 장본인이라 비난했지만 이승만은 단호했다. 그는 신탁통치 반대 운동을 주도하며 공산주의의 위험성을 국민에게 반복적으로 설명했다. "통일이냐 분단이냐"라는 단순 구도가 아닌 "자유냐, 공산주의냐"라는 본질적 선택을 국민 앞에 제시한 것이다. 그에게 있어서 지켜야 할 것은 땅의 크기가 아니라 '자유'라는 소중한 가치였다. 그렇기에 그는 1954년 7월 2일 미국 상하원 합동회의 연설을 통하여 다음과 같이 말했다.

"우리는 자유를 위해 싸웠습니다. 자유 없는 통일은 또 다른 지배일 뿐입니다. 우리는 자유롭고 평화로운 통일을 원합니다."

이승만, 1954년 7월 28일, 미국 의회 상·하원 합동회의 연설

이승만에게는 지키고자 하는 가치가 확고했기에 그의 논리는 점차 국민들의 인식을 바꿔나갔다. 초기에는 많은 이들이 반발했지만 시간이 지날수록 북한에서 들려오는 공산주의 실상과 맞물려 국민 여론이 형성되기 시작했다. 특히, 월남한 수많은 북한 주민들의 증언이 퍼지면서 이승만의 주장은 더 이상 개인의 고집이 아니라 현실적이고 타당한 선택으로 받아들여지게 되었다.

결국, 그는 자신의 주관적 안목을 객관적 설득력으로 승화시켜 1948년 대한민국 건국을 이루어냈다. 만약 이승만이 확신만을 붙잡고 사회와 소통하려는 노력을 하지 않았다면 그의 생각은 고립된 신념으로 끝났을 것이다. 그러나 그는 끊임없이 국내와 국제사회에 자신의 논리를 설명하고 비판을 견디며 시대를 설득해냈다.

이승만 대통령의 사례는 우리에게 분명한 교훈을 준다. 주관적 확신은 스스로에게 의미 있을 뿐이지만 그것을 객관화하고 사회와 공유할 때 비로소 그것은 역사를 바꾸는 힘이 된다.

주관적 사고는 출발점이고 객관적 사고는 목적지가 된다.

모든 생각은 개인의 내면에서 시작된 그 생각이 타인과 공유될 때 비로소 영향력을 갖는다. 신앙도 마찬가지다. 믿음은 개인의 내면에서 출발하지만 그 믿음을 성경의 진리와 논리로 다듬고 실제 삶에서 나타날 때, 그 신앙은 세상 속에서 설득력을 갖고 공감과 동의를 얻으며 공동체를 세워서 하나님 나라를 확장하는 도구가 된다.

생각의 주관성과 객관성은 대립되는 것이 아니라 조화를 이루어야 한다. 신앙인이라면 개인적 깨달음을 소중히 여기되 그 생각을 성경과 공동체의 기준에 비추어 검토하고 객관화하려는 노력이 필요하다. 이 과정은 사회적 관계를 유지하고 개념을 정립하며 생각을 실천으로 옮기는 데 반드시 필요한 단계이다. 신앙도 마찬가지로 내면의 고백에서 시작되어 삶 속에서 실현되는 객관적 증거가 될 때 비로소 그리스도인으로서의 사회적인 책임과 역할을 감당할 수 있다.

Chapter 2

개념을 정립하라

생각하는 인간은 단지 떠오르는 생각을 따라 사는 존재가 아니다. 진정한 사고는 기준을 중심으로 개념을 정립하고, 그 개념을 통해 세상과 자신, 그리고 하나님을 해석하는 능력으로 이어진다. 즉, 우리가 정의를 내리는 것들은 이미 우리 안에 있는 기준과 개념에 의해서 정의가 내려지는 것이다.

우리는 삶 속에서 수많은 '개념'들과 함께 살아간다. "자유", "정의", "진리", "사랑", "신앙", "은혜"와 같은 단어들이 우리의 가치관과 행동을 결정짓는다. 그러나 이러한 개념들이 어떤 기준 위에서 정의되었는지, 또 그것들이 정확하고 타당한 정의인지를 의식적으로 점검하는 경우는 드물다. 바르게 정의되지 않은 개념은 오해와 혼란을 낳고, 일관된 기준없는 개념은 삶을 왜곡하며, 검토되지 않은 개념은 사고를 멈추게 만든다.

Chapter 2에서는 다음의 네 가지 흐름을 따라 개념 정립의 여정을 살펴보고자 한다.

1장	기준의 이해
2장	기준의 선택
3장	기준을 활용한 정의(定義)
4장	개념을 점검하라

-
기준의 이해란,
내가 의식적이든 무의식적이든
삶과 사고의 근거로 삼고 있는 기준이
무엇인지 점검하는 것이다.

1장

기준의 이해

'이해(理解, Understanding)'라는 단어는 국어사전에서 "사리를 분별하여 해석함, 깨달아 앎, 또는 잘 알아서 받아들임, 남의 사정을 잘 헤아려 너그러이 받아들임"[7]이라고 정의된다. 이 정의에서 알 수 있듯, '이해'란 단순히 '아는 것'을 넘어서 분별하고, 깨닫고, 수용하는 복합적인 인식의 과정이다.

인간은 어떤 판단이나 해석을 내릴 때 자신이 축적한 지식과 경험, 즉 알고 있는 모든 것을 동원한다. 그러나 그 모든 인

---

7   표준국어대사전

식 활동의 배후에는 기준이라는 틀이 작동한다. 우리는 의식적으로 인지하지 못할지라도 항상 어떤 기준을 전제한 채 생각하고 판단하며 살아간다. 이 기준은 사고와 해석의 출발점이며 우리가 세상을 바라보는 틀이자 개념을 정립하는 기초가 된다.

문제는 대부분의 사람들이 이 기준을 자각하지 못하고 살아간다는 점이다. 기준이 모호하거나 왜곡되어 있다면 판단은 쉽게 흔들리며 삶의 방향 또한 어긋날 수밖에 없다. 우리가 당연하다고 여기는 생각들 중에 상당수는 사실상 의식적인 선택이 아니라 무의식적으로 내면화된 결과인 것들이 많다. 우리는 스스로 판단할 수 있는 능력을 갖게 되기 전부터 가정과 학교, 사회, 미디어 등 다양한 경로를 통해 비판 없이 주입된 가치관을 받아들인다. 어린 시절부터 형성된 경험과 습관, 가르침, 지역 문화와 토속신앙, 전통, 종교, 가정환경 등이 복합적으로 작용하여 우리의 사고방식과 판단 기준을 결정짓는다.

그러나 우리는 이렇게 형성된 기준이 과연 옳은 것인지 스스로 물어야 한다. 우리는 자신이 의식적으로 또는 무의식적으로 세워 놓은 기준을 따라 열심히 살지만 때로는 실패하거나 어려움에 빠지기도 한다. 그럼에도 우리는 그 결과를 우리가 가지고 있는 기준의 문제로 보지 않고 단지 운명으로 치부하거나 환경 또는 다른 사람의 탓으로 돌리면서 막연히 잘 되기만을 바란다. 하지만 삶의 결과들은 결국 내면에서 작동하고 있던 기준의 결과이다. 따라서 지금 내 삶에서 일어난 결과가 어떤 기준에서 비롯된 것인지, 내 사고 속에 어떤 기준이 작동하고 있었는지를 깊이 살펴볼 필요가 있다.

기준이 분명하지 않으면 세상과 사물을 바라보는 관점은 줏대 없이 흔들리고 판단과 행동도 역시 일관성을 잃게 된다. 같은 현상을 보면서도 사람마다 전혀 다른 결론에 이르는 이유는 지능이나 정보량의 차이 때문이 아니라 각자가 가지고 있는 기준의 차이가 있기 때문이다. 결국, 삶의 방향과 그 결과는 무엇을 기준으로 삼고 있느냐에 따라 결정된다고 할 수 있다.

그렇다면 그리스도인에게 있어 기준은 무엇이어야 하는가? 그 답은 분명하다. 바로 하나님의 말씀, 곧 성경이 되어야 한다. 하나님의 말씀을 삶의 기준으로 삼고 세상을 바라보는 사람은 자신의 정체성을 그리스도인으로서 분명히 아는 사람이다. 반대로 스스로를 그리스도인이라 말하면서 사고의 기준이 성경이 아닌 사람은 이미 신앙의 방향을 상실한 상태이다.

예수님께서는 이 기준이 얼마나 중요한지를 몸소 보여주셨다. 마태복음 4장 1~11절을 보면 예수님께서 금식 후 극심한 육체적 허기와 고난 속에서 사단의 시험을 받으신 장면이 기록되어 있다. 사단은 돌을 떡으로 만들어 배고픔을 해결하라고 하고, 성전 꼭대기에서 뛰어내려 하나님의 보호하심을 증명해 보라고 하며, 세상의 영광과 권세를 줄 테니 자신에게 절하라고 유혹하였다. 인간적인 기준으로 보면 이 모든 말은 매우 그럴듯하고 합리적으로 들릴 수 있다. 기준이 모호한 자라면 순간적인 필요와 욕망, 혹은 명분을 내세워 쉽게 넘어갈 수밖에 없는 상황이다. 그러나 예수님께서는 자신의 기준이 무엇인지 분명히 이해하고 계셨기 때문에 모든 시험을 이기셨다. 예수님의 기준은 단 하나, 하나님의 말씀이었다. 예수님은 오직 하나님의 말씀만을 확고한 기준으로 삼으셨기에 인간적인 생각이나 감정, 상황 논리에 휘둘리지 않으셨다. 예수님께서는 세 번의 시험에서 다음과 같이 말씀하셨다.

"예수께서 대답하여 이르시되 기록되었으되 사람이 떡으로만 살 것이 아니요 하나님의 입으로부터 나오는 모든 말씀으로 살 것이라 하였느니라 하시니" 마태복음 4:4

"예수께서 이르시되 또 기록되었으되 주 너의 하나님을 시험하지 말라 하였느니라 하시니" 마태복음 4:7

"이에 예수께서 말씀하시되 사탄아 물러가라 기록되었으되 주 너의 하나님께 경배하고 다만 그를 섬기라 하였느니라" 마태복음 4:10

　예수님은 세 번의 시험 모두에서 '기록되었으되'라는 말씀으로 시작하여 성경을 기준 삼아 사단의 교묘한 말과 유혹을 물리치셨다. 예수님의 생각과 행동의 기준은 분명했다. 그 기준이 하나님의 말씀이었기에 분별력을 잃지 않고 결국 시험을 이기셨다.

　이처럼 그리스도인은 세상의 가치관이나 순간적인 감정이 아니라 하나님의 말씀을 절대적인 기준으로 삼아야만 한다. 그래야만 혼란스러운 시대 속에서도 분별력을 가지고 바른 판단과 행동을 할 수 있으며 마침내 영적 승리를 이룰 수 있다. 우리의 기준이 분명히 하나님의 말씀 위에 세워질 때 비로소 우리는 진정한 의미에서 '그리스도인'으로 살아갈 수 있다.

자신의 사고의 기준을 자각하고 있는 사람은 생각과 행동이 쉽게 흔들리지 않는다. 기준은 단순히 어떤 생각을 정당화하기 위한 논리가 아니라 삶의 모든 판단과 태도를 결정짓는 뿌리가 되기 때문이다. 그러므로 인간은 자신이 기준으로 삼는 것에 따라 그 방향으로 가게 된다.

이는 마치 네비게이션에 그 기준에 의하여 목적지를 입력하고 운전하는 것과 같다. 올바른 목적지를 입력하면 길이 아무리 복잡해도 결국 목적지에 도달할 수 있지만 처음부터 잘못된 기준에 의한 목적지를 입력했다면 아무리 네비게이션이 알려주는 길을 따라 간다해도 엉뚱한 곳에 도착하게 된다. 더 심각한 것은 그 차에 다수의 사람이 함께 하고 있다면 그들을 잘못된 목적지로 이끈다는 점이다. 리더의 기준이 잘못되었거나 모호하면 그 영향을 받는 공동체 전체가 방향을 잃을 수 있다. 이것은 마치 소경이 소경을 인도하는 것과 같다.

> "또 비유로 말씀하시되 맹인이 맹인을 인도할 수 있느냐 둘이 다 구덩이에 빠지지 아니하겠느냐" 누가복음 6:39

따라서 개인의 사고 기준을 세우는 일은 단지 자신만을 위한 것이 아니다. 그것은 방향성과도 직결되기 때문이다. 기준은 곧 방향이기에 방향이 잘못되면 아무리 열심히 달려도 헛된 여정일 수밖에 없다. 그렇기에 우리는 늘 자신의 기준이 무엇인지, 그것이 바른 것인지 성찰해야 한다.

그리스도인으로서 우리는 정치적인 입장과 정책 속에서도 이러한 기준들이 작용하는 것을 알아야 한다. 그리고 그 기준에 따라서 같은 시대, 같은 상황 속에서도 전혀 다른 선택을 하고 그 선택은 결국 국가와 사회의 방향을 결정짓는다는 사실을 잊어서는 안 된다.

이는 제2차 세계대전 이후 냉전시대에 미국이 소련을 대하는 태도에서도 엿볼 수 있다. 미국은 소련이라는 거대한 공산주의 세력 앞에서 두 가지 상반된 길을 두고 갈등했다. 하나는 대화를 통한 평화 공존을 추구하는 '유화정책[8]'이었고, 다른 하나는 자유와 정의를 지키기 위해 강력한 힘으로 맞서 싸우려는 '강경 대응'이었다.

1970년대 미국 정치권, 특히 민주당과 일부 공화당 인사들은 소련과의 긴장을 완화하고 핵전쟁의 위험을 피하기 위해 협상과 타협을 강조했다. 그들의 핵심 논리는 다음과 같았다.

"인류의 미래는 전쟁이 아닌 대화에 있다."

"핵무기를 통한 대결은 인류 파멸로 이어질 수밖에 없다. 따라서 군비 축소와 평화 협상이 최선이다."

"이념보다 중요한 것은 인류의 생존과 안녕이다."

이러한 기준에서 출발한 대표적인 정책이 바로 닉슨과 카터 행정부의 데탕트정책[9]과 전략무기제한협정(SALT)[10]이었다.

---

[8] 유화정책(宥和政策): 국내·국제 정치에서, 상대편의 적극적이고 강경한 요구에 양보·타협함으로써 직접적인 충돌을 피하고 긴장을 완화하여 해결을 도모하려는 온건한 정책.(표준국어대사전)

카터 대통령은 소련과의 관계에서 군사적 대결보다는 평화적 경쟁과 협력을 강조하며 다음과 같이 말했다. 그의 발언은 미국과 소련 간의 경쟁이 근본적인 이념 차이에 기반하고 있지만 미국은 이를 평화적으로 유지하고자 한다는 입장을 나타내는 것이었다.

"물론 SALT II가 미국과 소련 간의 경쟁을 끝내지는 않을 것입니다. 그 경쟁은 인간 사회와 인간의 운명에 대한 근본적으로 다른 비전에 기반하고 있습니다. 그 근본적인 차이가 지속되는 한 양국 관계에는 항상 어느 정도의 긴장이 존재할 것입니다. 미국은 이러한 경쟁을 두려워하지 않습니다. 그러나 우리는 그것이 평화롭기를 원합니다."

"Of course, SALT II will not end the competition between the United States and the Soviet Union. That competition is based on fundamentally different visions of human society

---

9   데탕트(Detente): 냉전 시기 미국과 소련 간의 군사적·정치적 긴장을 완화하고 평화적 공존을 모색하기 위해 1970년대에 추진된 외교 정책. 주로 닉슨, 포드, 카터 행정부 시기에 시행되었으며, 군비 경쟁 억제와 대화를 통한 갈등 관리가 핵심이었다.

10 SALT(Strategic Arms Limitation Talks, 전략무기제한협상): 미국과 소련이 냉전 기간 동안 핵무기와 전략무기의 개발 및 배치를 제한하기 위해 진행한 협상. 1972년 체결된 SALT I과 1979년의 SALT II로 구분되며, 군비 경쟁을 억제하려는 데탕트 정책의 일환으로 추진되었다.

and human destiny. As long as that basic difference persists, there will always be some degree of tension in the relationship between our two countries. The United States has no fear of this rivalry. But we want it to be peaceful."

지미 카터, 1979년 6월 18일, SALT II 서명 직후, 워싱턴 연설

민주당은 전쟁 방지, 국제적 협력, 핵 억제를 절대적 가치로 삼았고, 이것이 당시 그들의 기준이었다. 하지만 이 기준은 평화 그 자체를 목적으로 삼았기에 상대가 독재와 억압의 체제였음에도 불구하고 타협하는 결과를 낳았다.

반면, 로널드 레이건 대통령은 전혀 다른 기준을 가지고 있었다. 그는 소련과의 단순한 공존을 목표로 삼지 않았다. 그의 명확한 기준은 "자유와 진리를 지키는 것", 그리고 "정의 위에 세워진 평화"였다. 레이건은 1983년, 유명한 "악의 제국(Evil Empire) 연설[11]"에서 이렇게 말했다.

---

[11] 레이건이 1983년 3월 8일 플로리다 올랜도에서 전국 복음주의자 협회(National Association of Evangelicals)에서 한 연설. 연설 내내 소련 체제를 "악의 제국(Evil Empire)"이라고 규정하며 자유와 신앙의 가치, 공산주의에 대한 반대를 강조함.

"우리는 우리의 힘을 통해 평화를 유지합니다; 약함은 오직 침략을 초대할 뿐입니다."

"We maintain the peace through our strength; weakness only invites aggression."

로널드 레이건, 악의 제국(Evil Empire) 연설, 1983

또한 그는 단호하게 선언했다.

"우리는 평화가 단순히 전쟁이 없는 것이 아니라는 것을 알고 있습니다. 우리는 가짜 평화나 허약한 평화를 원하지 않습니다. 우리는 환상적인 데탕트를 추구하지 않습니다. 시간이 지나도 지속되지 않는 외형적인 개선에 만족할 수 없습니다. 우리는 진정한 평화를 원합니다."

"We know that peace is not just the absence of war. We don't want a phony peace or a frail peace. We didn't go in pursuit of some kind of illusory détente. We can't be satisfied with cosmetic improvements that won't stand the test of time. We want real peace."

로널드 레이건, 1985년 11월 21일, 제네바 미·소 정상회담 직후 미국 의회 합동회의 레이건은 민주당과 좌파 진영의 유화적 접근을 '순진한 이상주의'라고 비판했다. 그는 평화를 원한다면, 먼저 자유를 지켜야 한다고 강조하며, "힘을 통한 평화(Peace through Strength)" 전략을 추진했다. 그의 또 다른 연설에서 이 기준이 뚜렷하게 드러난다.

> "우리는 평화를 사랑합니다. 그러나 노예 상태로 얻는 평화는 진정한 평화가 아닙니다. 우리는 자유 없이 사는 법을 배우기 위해 태어나지 않았습니다."
>
> "You and I know and do not believe that life is so dear and peace so sweet as to be purchased at the price of chains and slavery."
>
> 로널드 레이건, 1964년 10월 27일, 미국 캘리포니아주 로스앤젤레스 공화당 대선 후보를 지지하기 위한 연설, <선택의 시간 A Time for Choosing> 中,

레이건에게 있어 평화란 절대적 가치가 아니라 자유와 정의를 지키기 위한 수단이었다. 그는 이 연설에서 악한 자들과 잘 지내기 위해서 "예수님께서는 십자가를 거부했어야 했는가?"라고 물으며 옳은 일을 위해 희생할 각오가 없는 평화는 진정한 평화가 아니며, 지켜야 할 가치가 있을 때 그것을 지키기 위해 싸우는 것은 당연하다는 주장을 했다.

이처럼 같은 '평화'라는 단어를 두고도, 민주당과 레이건은 전혀 다른 선택을 했다. 민주당은 갈등의 회피와 현실적 안정을 기준으로 삼았고, 레이건은 옳고 그름과 자유와 진리를 기준으로 삼았다. 결국, 레이건의 확고한 신념과 원칙은 소련을 압박했고 공산주의 체제의 붕괴를 이끌어 냈으며 냉전을 종식시켰다. 타협과 협상으로는 얻을 수 없었던 진정한 자유와 평화가 흔들림 없는 기준 위에서 이루어진 것이다.

그러나 아이러니하게도 역사는 반복되고 있다. 미국이 냉전시대 소련을 마주했던 것처럼 대한민국 역시 북한이라는 독재 정권과 대치하면서 한국 현대사에서도 기준의 차이에 따라 전혀 다른 길이 선택되었다.

1998년, 김대중 대통령은 북한과의 긴장을 완화하고 평화적 공존을 도모하겠다며 햇볕정책을 추진했다. 그는 북한을 자극하기보다 따뜻하게 감싸 안으면 북한이 스스로 개방과 변화를 선택할 것이라고 믿었다. 이를 실현하기 위한 대표적인 사업이 바로 금강산 관광과 개성공단이었다.

금강산 관광은 대한민국 국민들이 북한 땅을 여행할 수 있도록 길을 열었지만 그 수익은 북한 정권의 외화벌이에 활용되었고 결국 핵 개발 자금으로 전용되었다는 의혹이 끊이지 않았다. 심지어 2008년에는 관광객이 북한군에 의해 피살되는 사건까지 발생했지만 북한은 끝내 책임을 인정하지 않았다.

또한 남북 경제 협력의 상징으로 추진된 개성공단 역시 본래 취지와 달리 북한 정권의 현금 창구로 활용되었다. 노동자 임금 상당 부분이 북한 당국에 귀속되었고 이는 군사비와 정권 유지 자금으로 사용되었다.

김대중 정부의 기준은 북한의 선의에 대한 막연한 기대였다. 체제 유지와 남한 적화 전략이라는 북한 정권의 본질을 직시하지 못한 채 무조건적인 지원과 교류를 통한 변화를 꿈꾼 것이다. 하지만 결과적으로 북한은 개방과 개혁이 아닌 핵무장과 군사력 강화로 응답했다.

문재인 정부 역시 같은 기준을 가지고 있었다. 2018년 판문점 선언과 연이은 남북 정상회담을 통해 한반도에 평화가 찾아온 듯한 착각을 심어주었다. 그러나 이는 철저히 보여주기식 정치 이벤트에 불과했다. 북한은 대화의 장에 나오는 척하면서도 물밑에서는 지속적으로 미사일 도발과 핵무기 고도화를 추진했다. 문재인 정부 기간 동안 북한은 30회가 넘는 미사일 발사를 강행했다. 또한 2020년에는 남북 공동 연락사무소를 폭파하며 남북관계를 일방적으로 파기했다. 그럼에도 불구하고 문재인 정부는 대화의 끈을 놓지 않겠다며 사실상 무기력한 대응으로 일관했다. 문재인 정부의 유화정책은 북한 인권 문제에 대해서도 침묵했다. 오히려 탈북민 단체의 대북전단 살포를 금지하는 법안을 추진하며 자유민주주의의 가치를 훼손하는 선택을 했다. 결국 '평화'라는 이름 아래, 자유와 정의는 철저히 외면당했다.

김대중 대통령과 문재인 대통령 모두 '평화'를 내세웠지만 그들이 세운 기준은 진리가 아닌 이념적 환상 위에 있었다. 상대가 누구인지, 어떤 본질을 가진 체제인지에 대한 분명한 인식 없이 무조건적인 대화와 지원을 추구한 결과 대한민국은 스스로의 안보와 자유를 갉아먹게 되었다. 평화는 목표가 아니라 결과이다. 진정한 평화는 진리와 자유, 정의라는 분명한 기준 위에서만 주어진다. 레이건 대통령처럼 불편하더라도 옳은 기준을 붙잡고 때로는 단호하게 맞설 때 비로소 자유를 지킬 수 있다.

우리는 역사를 통해 사람들이 저마다 '평화', '정의', '안정', '번영'과 같은 공통된 단어를 사용하지만 그 단어를 해석하고 행동으로 옮기는 방식은 어떤 기준을 가지고 있느냐에 따라 완전히 달라진다는 것을 배웠다. 기준이 모호하면 당장의 편안함을 위해 진리를 포기할 수 있고, 기준이 분명하면 길이 분명해져서 비록 고난의 길이지만 옳은 길을 선택할 수 있다. 그리스도인은 스스로 자신의 기준을 점검해야 한다. 우리는 무엇을 기준으로 세상을 바라보고 있는가? 단지 당장의 평안과 타협을 기준 삼고 있지는 않은가 아니면, 하나님의 말씀이라는 절대 기준 위에 서서 때로는 불편하더라도 진리의 길을 선택하고 있는가? 우리는 대부분 자신 속에 있는 기준이 무엇에 의해 어떻게 정립되어 있는지도 모르는 채 그저 생각

없이 자신이 옳다고 여기며 살아간다. 불행히도 스스로를 그리스도인이라고 생각하는 사람들 조차 그렇다.

　기준의 이해란, 내가 의식적이든 무의식적이든 삶과 사고의 근거로 삼고 있는 기준이 무엇인지 점검하는 것이다. 단순히 그 기준을 아는 것에서 멈추지 않고 그것이 내 삶과 사회 속에서 어떻게 영향을 미치고 작동하고 있는지를 깨닫고 바로 세우는 것이다. 나아가 그 기준이 성경적이지 않다면 하나님의 말씀을 따라 올바른 기준을 의식적으로 다시 세우는 것, 그것이 진정한 '기준의 이해'이다.

2장

기준의 선택

　우리의 사고와 행동 속에는 자신도 모르게 작동하는 기준들이 존재한다. 앞서 이 기준을 찾아내고 이해하는 과정을 거쳤다면, 이제는 그것을 의식적으로 선택하는 단계로 나아가야 한다. 기준의 선택은 단순히 주어진 것을 받아들이는 수동적 행위가 아니라 삶의 방향을 설정하고 스스로를 통제하는 능동적이고 주체적인 행위이다. 우리가 어떤 기준을 선택하느냐에 따라서 사고의 틀이 형성되고 삶의 우선순위와 해석 방식이 결정된다. 기준을 선택하려면 먼저 그 기준을 깊이 이해하고 신뢰하고 확신할 수 있어야 한다. 그렇지 않으면 선택한 기준은 오히려 우리를 계속해서 불안하게 만들고 끊임없는 질문을 던지는 존재가 된다.

기준을 선택하지 않으면 기준이 우리를 요구한다. 다시 말해서 우리가 기준을 세우지 않으면, 세상의 유행이나 타인의 기대, 감정의 기복, 경험의 상처들이 기준인척하며 우리의 사고와 삶을 지배하게 된다. 기준 없이 살아간다는 것은 사실 기준 없는 삶이 아니라 제어되지 않고 정립되지 않은 기준에 의해 좌우되는 삶이다. 감정이나 분위기에 따라 생각이 바뀌고 일관성 없이 행동하게 되며 결국에는 스스로도 자신이 왜 그런 판단을 했는지 모르는 상태에 빠지기 쉽다. 그리고 그런 삶은 후회와 불안, 자기 부정으로 이어지기 마련이다.

삶의 기준은 처음부터 의식적으로 선택되는 경우가 드물다. 대부분은 자라온 환경이나 문화, 교육, 경험 등을 통해 무의식적으로 선택한다. 이것은 어느 누구에게나 일어나는 보편적인 현상이며 그 자체가 잘못된 것이 아니다. 그러나 성숙한 삶은 이 무의식적 기준을 그대로 두지 않고, 그것을 의식적으로 재검토하는 과정을 포함한다. 내가 왜 그렇게 판단하고 행동하는지를 들여다보고 그 판단의 뿌리가 되는 기준이 참으로 옳은지 검증하는 것이다. 더 나아가 그 기준이 하나님의 말씀에 합당한지를 다시 점검하며, 필요하다면 기존의 기준을 내려놓고 새로운 기준으로 선택하는 결단이 따라야 한다. 이러한 선택은 단지 이론적 동의나 감정적 결심이 아니라 실질적인 삶의 방향과 방식에서 기준을 재설정하는 의지적 선택이다.

사도 바울은 다메섹으로 가는 길에 예수님을 만나서 회심한 후에 히브리인으로서의 기준을 내려놓고 그리스도인으로서의 기준을 재설정하였다. 그는 회심 전에도 누구보다 열심히 살아가던 인물이었다. 태어나면서부터 자연스럽게 습득한 히브리인으로서의 정체성이 확고했기에 스스로를 "히브리인 중의 히브리인"이라 소개하며 율법에 철저한 바리새인으로서 하나님을 향한 열심으로 예수 그리스도를 따르는 자들을 핍박했다. 그는 자신이 하는 행동이 옳다고 믿었고 히브리인으로서의 기준에 따라 충성된 삶을 살았다고 확신했다. "열심으로는 교회를 박해하고 율법의 의로는 흠이 없는 자"라는 그의 고백은 얼마나 분명한 기준을 가지고 살아갔는지를 보여준다.

"그러나 나도 육체를 신뢰할 만하며 만일 누구든지 다른 이가 육체를 신뢰할 것이 있는 줄로 생각하면 나는 더욱 그러하리니 나는 팔일 만에 할례를 받고 이스라엘 족속이요 베냐민 지파요 히브리인 중의 히브리인이요 율법으로는 바리새인이요 열심으로는 교회를 박해하고 율법의 의로는 흠이 없는 자라" 빌립보서 3:4~6

그러나 다메섹 도상에서 예수 그리스도를 만난 이후, 그는 자신의 기준이 하나님의 뜻을 정면으로 거스르고 있었음을 깨달았다. 그는 자신이 자랑하던 모든 것을 배설물로 여기고 오직 예수 그리스도와 그분의 은혜만을 삶의 기준으로 삼게 되었다.

"또한 모든 것을 해로 여김은 내 주 그리스도 예수를 아는 지식이 가장 고상하기 때문이라 내가 그를 위하여 모든 것을 잃어버리고 배설물로 여김은 그리스도를 얻고" 빌립보서 3:8

바울은 회심 전에도 기준 없이 산 것이 아니었다. 오히려 너무나 확고한 기준을 갖고 있었다. 그러나 그것은 진리에서 벗어난 기준이었다. 주님께서 그의 기준이 잘못되었음을 깨닫게 하시자 그의 삶의 방향이 완전히 바뀌었고 그는 새로운 인생을 살게 되었다. 그리고 그는 자신과 같이 거듭난 성도들에게 다음과 같이 권면하고 있다.

"그러므로 형제들아 내가 하나님의 모든 자비하심으로 너희를 권하노니 너희 몸을 하나님이 기뻐하시는 거룩한 산 제물로 드리라 이는 너희가 드릴 영적 예배니라 너희는 이 세대를 본받지 말고 오직 마음을 새롭게 함으로 변화를 받아 하나님의 선하시고 기뻐하시고 온전하신 뜻이 무엇인지 분별하도록 하라" 로마서 12:1~2

이 말씀은 그리스도인이 세상의 가치관과 기준을 따르지 말고 마음을 새롭게 함으로써 하나님의 뜻을 분별하여 그 뜻에 따라 삶을 살아가야 함을 강조한다. 즉, 하나님의 말씀을 기준으로 선택하여 변화를 받아야 한다는 것이다.

그렇다면 기준을 선택하지 않거나 잘못된 기준을 선택했을 때는 어떤 일이 일어날까? 그 대표적인 예가 바로 아담과 하와의 타락 사건이다. 하나님께서는 분명히 말씀하셨다.

"선악을 알게 하는 나무의 열매는 먹지 말라 네가 먹는 날에는 반드시 죽으리라 하시니라" 창세기 2:17

이 말씀은 분명하고도 단호한 하나님의 기준이었다. 그러나 아담과 하와는 그 기준을 선택하지 않았다. 그들은 하나님의 말씀보다 뱀의 말, 즉 "너희가 결코 죽지 아니하리라"는 거짓된 말에 귀를 기울였다. 그리고 나무를 '먹음직하고, 보암직하고, 지혜롭게 할 만큼 탐스럽게' 바라보았다(창 3:6). 그들의 판단 기준은 더 이상 하나님의 말씀이 아니었다. 감정과 욕망, 그리고 외부의 유혹이 기준이 된 것이다. 그 결과는 타락이었다. 하나님과의 관계가 단절되었고 인간은 죄와 사망의 지배를 받는 존재가 되었다.

이 사건은 단순한 불순종의 이야기가 아니다. 기준을 무엇으로 삼을 것인가에 대한 인간의 최초 선택 실패를 보여주는 것이다. 아담과 하와는 분명 하나님의 말씀을 알고 있었다. 그러나 그에 따라 선택하지 않았다.

그들의 기준은 탐욕과 욕심이었다. 말씀은 있었지만 삶의 기준이 아니었다. 이것이 인간의 첫 번째 죄의 본질이며 지금 우리가 끊임없이 반복하고 있는 실수이기도 하다. 그리스도인은 말씀을 아는 것에 머무르지 않고 그 말씀을 기준으로 선택하고 살아야 한다. 기준의 선택은 곧 삶의 방향을 결정 짓는다.

지금 이 순간에도 세상은 그리스도인이라고 말하는 당신에게 여러 가지 '보암직도 하고, 먹음직도 하고, 지혜롭게 할 만큼 탐스러운' 기준들을 매일 같이 제시하고 있다. 과학적인 이론을 근거로 세상은 진화한 것이라고 말하고, 차별금지라는 포장 아래 동성애를 옹호한다. 악한 적과 싸우지 않고 그들의 요구를 받아들이는 유화정책이 평화를 가져온다고 말하고, 무비판적인 사랑이 갈등을 유발하지 않는 참된 사랑이라고 가르친다. 이러한 현실 앞에서 기독교적 기준을 포기하고 세상의 논리를 따르는 선택은 늘 우리 앞에 놓여 있다.

그러나 진리는 타협될 수 없고 하나님의 말씀은 시대에 따라 조정되는 것이 아니다. 그러므로 우리는 오늘 그리고 매 순간 다시 질문해야 한다. 나는 지금 무엇을 기준으로 생각하고 있는가? 나의 판단과 선택의 출발점은 어디인가?

러시아의 작가이자 반체제 지식인인 알렉산드르 솔제니친(Aleksander Solzhenitsyn, 1918~2008)은 인간이 자신의 사고의 기준을 선택하는 것이 얼마나 중요한지 그의 인생으로 보여주었다.

솔제니친은 1918년 러시아 혁명 직후 태어나 공산주의 체제 속에서 성장했다. 그는 젊은 시절 누구보다도 충실한 공산주의자였다. 학교에서 배운 대로 공산주의가 인류를 구원할 이상적인 체제라고 믿었고 소련군 장교로 제2차 세계대전에 참전하며 조국과 이념을 위해 헌신했다. 그의 삶의 기준은 자연스럽게 주어진 사회주의 이념이었다. 스스로 그것이 옳다고 확신했고 다른 선택지는 생각하지 않았다.

그러나 그는 친구에게 보낸 편지 한 장으로 체포되었다. 편지 속에 담긴 스탈린을 비판하고 조롱하는 내용이 문제가 되어 하루아침에 반역자로 낙인찍혀 8년 형을 선고받고 강제수용소(굴라그[12])로 끌려갔다. 충성을 다했던 체제는 그에게 아무런 자비도 베풀지 않았다.

그는 수용소에서 인간이 얼마나 쉽게 거짓된 기준에 의해 파괴될 수 있는지를 목격했다. 그곳 사람들은 살아남기 위해 서로를 배신했고 공산주의 이념은 인간의 존엄성과 자유를 짓밟는 도구로 변질되어 있었다. 그곳에서 솔제니친은 자신이 믿어왔던 기준이 잘못되었음을 뼈저리게 깨달았다. 단지 정치적 실수나 정책의 문제가 아니라 이념 그 자체가 거짓 위에 세워진 것임을 알게 된 것이다.

이때부터 그는 삶의 기준을 완전히 바꾸었다. 공산주의가 아닌 진리와 자유, 그리고 고난 속에서 붙잡은 신앙을 기준으로 삼기로 결단했다. 이 기준의 선택은 그에게 새로운 사명을

---

12 굴라그(Gulag): 러시아어 "Glavnoe Upravlenie Lagerei"의 약자로, '강제노동수용소관리국'을 의미한다. 소련 정부가 1930년대부터 1950년대까지 운영한 광범위한 강제수용소 체계를 지칭하는 말로, 정치범, 반체제 인사, 지식인, 종교인, 일반 시민들까지 억압과 통제의 수단으로 활용되었다. 수백만 명이 굴라그로 보내져 비인간적인 환경에서 강제노동과 고문, 기아, 처형을 당했으며, 전체주의 체제의 폭력성과 공산주의 이념의 실체를 상징하는 대표적 사례로 남아 있다. 오늘날 '굴라그'는 단순한 수용소를 넘어, 국가 권력에 의해 자행된 조직적 억압과 인간성 말살의 상징으로 사용된다.

주었다. 그는 자신이 겪은 참상을 세상에 알리기로 마음먹었고, 목숨을 걸고 글을 쓰기 시작했다.

그의 대표작 『수용소 군도』는 소련 전역에 퍼져 있던 강제수용소의 실상을 고발한 작품으로 공산주의의 거짓을 폭로하는 데 결정적인 역할을 했다. 이 책은 몰래 필사되고 해외로 반출되어 출간되었다. 결국, 그는 1974년, 소련 정부에 의해 국적을 박탈당하고 강제로 추방되었다. 하지만 그는 침묵하지 않고 끝까지 싸웠다. 그리고 그는 다음과 같이 말했다.

"축복하여라, 감옥이여! 내 인생 속에 있어 주었기에!"
"Bless you, prison, for having been in my life!"

"썩은 짚 위에 누워 있을 때, 내 안에서 선(善)이 움트기 시작했음을 느꼈다."
"It was only there, lying on rotten straw, that I sensed within myself the first stirrings of good."

"..감옥이여, 축복이 있으라. 그곳에서 나는 내 영혼을 찾았노라."

"...blessed be the prison, for through it I found my soul."

『수용소 군도』(The Gulag Archipelago) 中

솔제니친은 거대한 공산주의 체제라는 성벽 앞에서도 두려워하지 않았다. 많은 사람이 침묵하거나 타협할 때, 그는 진리를 기준으로 삼아 외로운 길을 걸었다. 그의 선택은 개인적인 불이익을 넘어 목숨을 위협받는 일이었지만 그는 옳은 기준을 지키는 것이야말로 참된 자유요 인간다운 삶임을 보여주었다. 그의 글과 삶은 전 세계에 울림을 주었고 소련의 거짓된 체제에 균열을 일으켰다.

"우리가 하나님을 잊었기 때문에, 이 모든 비극이 시작된 것이다."

"Men have forgotten God; that's why all this has happened."

솔제니친, 1983년 템플턴상[13] 수상 연설

---

13 템플턴상: 1972년 영국의 투자자이자 자선가인 존 템플턴(John Templeton) 경에 의해 제정된 상으로, "인류의 영적 가치 향상에 현저한 공헌을 한 인물"에게 수여된다. 종교적 신앙, 영성, 도덕적 진리, 인류의 정신적 발전을 증진시킨 사람에게 주어지며, 노벨상으로는 포괄할 수 없는 영적·윤리적 기여를 인정하기 위해 만들어졌다.

결국, 그의 외침은 사람들에게 기준을 다시 점검하고 스스로 선택하라는 도전이 되었다. 솔제니친의 삶은 우리에게 기준이란 주어지는 것이 아니라 스스로 선택하고 지켜내는 것이라고 말하고 있다.

그리스도인으로 산다는 것은 단지 믿음의 고백을 넘어 하나님의 말씀을 나의 절대적 기준으로 선택하는 삶이다. 세상의 기준이 아무리 매력적이고 설득력 있어 보일지라도 그것이 하나님의 뜻과 어긋난다면 단호히 거절할 수 있어야 한다. 기준의 선택은 곧 정체성의 선택이며 인생의 방향을 결정하는 선택이다. 오늘도 우리는 수많은 유혹과 혼란 속에서 살고 있지만 그 한가운데서 말씀을 기준으로 선택하는 삶이야말로 흔들리지 않는 삶이다. 그리고 바로 그 삶이 하나님께서 기뻐하시는 개념 있는 삶이다.

관련 영상보기
- 하나님만 선악의 기준이 되신다. (아담의 타락)

3장

기준을 활용한 정의 (定義)

　기준은 단순히 머릿속에 머무는 관념이 아니다. 기준은 실제 상황에서 문제를 해결하고 의미를 해석하며 개념을 정립하는 사고의 도구이다. 수학 문제를 푸는 학생이 어떤 공식을 정확히 이해하고 있다면 그 공식을 활용하여 유연한 사고를 가지고 다양한 문제를 일관되게 풀어갈 수 있다. 반대로 공식을 외웠지만 그 공식의 원리와 구조를 이해하지 못한다면 문제 유형이 조금만 달라져도 혼란에 빠져 당황하게 된다. 오히려 흑백논리에 갇혀서 답이 맞았는지 틀렸는지에만 몰두하게 된다.

앞에서 우리는 그리스도인으로서 자신의 기준이 무엇인지 점검하고 하나님의 말씀이 우리 삶의 기준이 되어야 함을 이해했다. 그리고 그 기준에 따라 선택하기로 했다. 이제는 우리의 삶에서 성경이라는 기준을 따라 선택이라는 과정을 거쳐 개념을 정립하고 사물과 사건을 해석하는 시각을 가져야 한다.

지금까지 우리는 수많은 '정의(定義: 어떤 말이나 사물의 뜻을 명백히 밝혀 규정함)'를 거의 자동적으로 받아들이며 살아왔다. 그 정의가 어떤 사고 과정과 기준 위에서 형성되었는지 알지 못한 채 그냥 받아들였다. "성공이란 무엇인가?", "행복이란 무엇인가?", "자유란 무엇인가?" 이러한 개념들을 스스로 정의하기보다 사회가 내리는 정의를 비판 없이 받아들인 채 살았다. 그러나 이제는 그 정의가 누구의 기준 위에 세워진 것인지 점검해야 한다. 만약 그 기준이 쾌락이나 이기심, 소비주의, 권력 지향적 가치라면 그 정의는 삶을 왜곡하거나 인간관계를 병들게 하는 방향으로 작용할 수 있다. 그 정의에 동의하지 못하거나 따라가지 못할 때, 문제가 자신에게 있다고 생각하게 된다.

예를 들어, 세상은 '성공'을 높은 연봉과 명예, 사회적 지위로 정의할 수 있지만, 그 기준이 소유나 성취 등 세속적 가치에 기초한 것이라면 그 정의에 이르지 못한 사람은 쉽게 좌절하거나 자기 혐오에 빠질 수 있다.

그러므로 이제 우리는 세상에서 통용되는 정의들을 성경이라는 기준을 통해 재해석하고 점검할 수 있어야 한다. 이제부터 당신이 성경을 기준으로 내리는 정의는 단순한 문장이 아니라 선택된 기준이 삶 속에서 적용되고 검증되며 해석되는 과정 속에서 탄생한 결과가 될 것이다. 당신의 기준이 분명할수록 정의는 견고해지고 당신의 정체성이 그리스도인이라는 것이 분명해질 것이다.

사도 바울은 이 원리를 삶으로 보여준 대표적인 인물이다. 그는 원래 철저한 율법주의자로서 율법을 삶의 절대 기준으로 삼았고 그 기준 아래에서 '의'와 '성공', '거룩'을 정의했다. 그에게 '의(義)'란 율법의 조항을 얼마나 철저히 지키느냐에 따라 하나님 앞에서 의롭다고 여김을 받는 것이었고 실제로 자신을 "율법의 의로는 흠이 없는 자"라고 자부했다[14]. 또한 '성공'이란 유대교 내에서 율법에 대한 열심과 탁월함으로 종교적 권위와 인정을 얻는 것이었으며, 그는 "내 동족 중 여러 사람보다 유대교를 지나치게 믿어 조상의 전통에 대해 더욱 열심이었다"고 고백한다[15]. 그리고 '거룩'이란 의식적 정결법과 도덕 규범을 외형적으로 완벽히 준수함으로써 자신을 구별된 존재로 유지하는 것이었다. 이러한 기준은 바울에게 타인을 판단하고 자신을 자랑하며 스스로 만족하는 근거가 되었다.

그러나 다메섹 도상에서 부활하신 예수 그리스도를 만난 뒤 바울의 기준은 완전히 바뀌었다. 그는 이전의 자랑이었던 혈통과 율법의 의로움을 모두 배설물로 여기게 되었고 오직 하나님의 은혜와 복음을 삶의 유일한 기준으로 삼았다. 그리고 그 새로운 기준 위에서 '의'란 예수 그리스도를 믿는 믿음 안에서 주어지는 선물이며, '성공'이란 자신의 삶을 다해 복음을 증거하는 것이라고 정의했다.

---

14 빌립보서 3:6
15 갈라디아서 1:14

바울은 회심 이후 자신의 삶의 모든 상황—풍요와 궁핍, 자유와 감옥, 칭찬과 비난—을 오직 복음이라는 기준으로 해석했다.

"나는 비천에 처할 줄도 알고 풍부에 처할 줄도 알아 모든 일 곧 배부름과 배고픔과 풍부와 궁핍에도 처할 줄 아는 일체의 비결을 배웠노라 내게 능력 주시는 자 안에서 내가 모든 것을 할 수 있느니라"

빌립보서 4:12~13

또한, 감옥에 갇힌 상황조차 복음 전파의 진전으로 해석하며[16] 자신을 무명한 자 같으나 유명한 자요, 아무것도 없는 자 같으나 모든 것을 가진 자로[17] 바라보았다. 그에게 있어 삶의 모든 정의는 복음이라는 기준에서 새롭게 해석되는 것이었다.

바울의 삶은 기준이 어떻게 개념을 재정립하고 세상의 정의를 무너뜨리며 흔들림 없는 인생을 만들어가는지를 명확히

---

16 빌립보서 1:12
17 고린도후서 6:9~10

보여준다. 바울처럼 우리도 기준이 바뀌면 삶의 모든 정의가 새로워진다.

영국의 윌리엄 윌버포스(William Wilberforce, 1759~1833)[18] 역시 기준의 변화가 한 사람의 인생과 세상을 어떻게 바꿀 수 있는지를 보여준 인물이다. 그는 영국 상류층 가문에서 태어나 젊은 나이에 국회의원이 되었고 세상이 말하는 성공의 길을 걷고 있었다. 그에게 '성공'이란 더 많은 부와 명예와 정치적 권력을 쌓는 것이었고, '행복'이란 쾌락이며 사교 모임에서 인정을 받는 것이었다. 그는 당시 사람들이 그렇듯, 세속적 기준을 별다른 의심 없이 따르고 있었다. 하지만 그에게 내면의 공허함과 회의가 찾아왔고 그는 점차 자신이 무엇을 기준으로 살고 있는지 고민하기 시작했다. 이 과정에서 그는 처음으로 자신의 기준이 무엇인지 자각하게 되면서 그것이 얼마나 피상

---

18 윌리엄 윌버포스(William Wilberforce) (1759년 8월 24일~1833년 7월 29일)는 영국의 정치인이다. 주요업적은 영국의 노예제 폐지(1834년), 노예무역 폐지법 제정(1807년), 로마 가톨릭교도의 정치적 해방 지원, 선언협회 설립 등이 있다. 복음주의자그룹의 중심인물로 해외선교운동에도 활약했다. 그가 사망한 1833년 영국에서 노예제 폐지법안이 국회에서 통과되었으며, 이듬해 대영제국 전역에서 노예제가 완전히 폐지되었다 (출처: 위키백과)

적이고 허약한 것인지를 깨닫게 되었다.

그리고 1785년, 윌버포스는 깊은 신앙적 회심을 경험하였다. 그는 성경 말씀을 통해 세상의 기준이 아닌, 하나님의 뜻과 진리를 삶의 기준으로 삼아야 함을 깨달았다. 이 회심은 단순한 종교적 감정이 아니라 삶 전체의 방향을 바꾸는 결정적인 순간이었다. 그는 정치계를 떠날지 고민했지만 멘토인 존 뉴턴 목사의 조언을 따라 신앙을 기준으로 정치 활동을 이어가기로 결단했다. 그리고 그는 다음과 같이 고백했다.

"전능하신 하나님께서 내 앞에 두 가지 위대한 목표를 세우셨다. 하나는 노예 무역의 폐지이고, 다른 하나는 도덕성의 회복이다."

"God Almighty has set before me two great objects: the suppression of the Slave Trade and the reformation of manners."

윌리엄 윌버포스, 1787년 10월 28일 일기 中, 『The Life of William Wilberforce (by Robert and Samuel Wilberforce, 1838)』

이 순간 윌버포스는 세상의 기준을 내려놓고 하나님의 기준을 선택했다. 그 선택은 곧 안락한 삶을 포기하고 거센 반대와 조롱을 감수해야 하는 길이었다. 그러나 그는 흔들리지 않았다.

이렇게 삶의 기준이 바뀌자 윌버포스는 삶의 모든 개념을 새롭게 정의하기 시작했다. 그에게 '성공'이란 더 이상 정치적 출세가 아니었다. 그는 '성공'을 억압받는 자를 위해 싸우고 하나님의 정의(正義, Justice)를 실현하는 것으로 정의했다. '행복'은 쾌락과 명예가 아니라 이웃 사랑과 하나님 섬김 속에서 찾게 되었다. '가치 있는 삶'이란 자신의 유익이 아니라 하나님의 뜻에 순종하는 삶이라는 것을 확신했다.

그리고 그는 무려 20년 이상 노예제 폐지를 위해 싸우며 세상이 내린 정의를 뒤집었다. 당시 사람들에게 노예제는 경제적인 필요로 간주되었다. 그러나 윌버포스는 그것을 하나님의 기준으로 보았을 때 명백한 악(惡)이라고 선언했다. 그리고 결국 그는 죽기 직전, 영국에서 노예제가 공식적으로 폐지되는 것을 목격했다.

세상이 내려준 정의를 무비판적으로 따랐다면 그는 평범한 정치가로 남았을 것이다. 그러나 신앙을 기준으로 삼은 그는 세상을 바꾼 사람이 되었다.

사람은 누구나 어떤 기준 위에서 생각하고 선택하며 삶을 살아간다. 그러나 그 기준이 무엇이냐에 따라 '성공', '행복', '의로움', '가치' 등 단어에 대한 정의는 완전히 달라진다. 세상이 주는 기준을 그대로 따를 때, 우리는 결국 공허함과 왜곡된 가치관, 그리고 끝없는 비교와 불안 속에 빠지기 쉽다. 하지만 하나님의 말씀을 삶의 절대적 기준으로 삼는 순간, 우리는 세상의 흔들리는 정의가 아니라 변하지 않는 진리 위에서 새로운 삶을 시작하게 된다. 그 기준은 단지 신념이 아니라 우리의 사고를 다듬고 선택을 이끌며 삶의 방향을 결정짓는 힘이 된다.

관련 영상보기
- 사도바울의 회심

4장

개념을 점검하라

　개념은 한 번 정리하고 끝나는 것이 아니다. 개념은 고정된 조각상이 아니라 살아 있는 생물과 같다. 삶이 변하고 관계가 깊어지고 신앙이 성숙할수록 우리는 과거에 정의내렸던 개념들을 되짚고 점검하며 다듬어야 한다. 어린아이가 생각하는 '부모의 사랑'과 부모가 된 후에 이해하게 되는 '부모의 사랑'은 말은 같지만 깊이와 적용 방식이 완전히 다르다. 이처럼 개념은 상황과 이해의 깊이에 따라 확장되고 재정립되어야 한다.

　우리는 어떤 기준을 선택하고 그에 따라 개념을 정의했다고 해도, 그 개념이 실제 삶의 문제 앞에서 작동하지 않는다면 우리는 신앙과 현실 사이의 괴리 속에서 혼란을 겪는다.

하나님께서 아브라함에게 "내가 네게 아들을 주리라"고 약속하셨을 때, 그는 그 약속을 자신이 원하는 시간 안에 현실 가능한 방식으로 성취되어야 할 목표로 이해했다. 그러나 오랜 기다림 끝에도 아내 사라는 자녀를 낳지 못했고 결국 아브라함은 사라의 종 하갈을 통해 이스마엘을 낳았다[19]. 이 선택은 아브라함이 하나님의 약속을 믿지 않았기 때문이 아니라 그 약속의 방식과 시점에 대한 개념이 충분히 성숙하지 않았기 때문이었다. 그러나 하나님은 다시 나타나셔서 "내가 정한 때에 네 아내 사라가 네게 아들을 낳으리라"고 분명히 말씀하셨다.

> "내 언약은 내가 내년 이 시기에 사라가 네게 낳을 이삭과 세우리라"
>
> 창세기 17:21

---

[19] 창세기 16장

이 말씀을 통해 아브라함은 하나님의 약속은 인간의 방식이 아니라 하나님의 주권과 시점 속에서 성취된다는 기준을 배우기 시작한다. 마침내 100세에 이삭을 얻은 아브라함은 단지 아들을 얻었다는 차원을 넘어 '약속'이라는 개념 자체를 '하나님의 약속은 하나님의 방식으로 하나님의 때에 성취된다'는 개념으로 새롭게 이해하고 정립하게 되었다.

그리고 결정적인 장면은 하나님께서 아브라함에게 약속의 성취로 얻은 자식, 이삭을 번제로 바치라고 하시는 사건에서 볼 수 있다.

> "그 일 후에 하나님이 아브라함을 시험하시려고 그를 부르시되 아브라함아 하시니 그가 이르되 내가 여기 있나이다. 여호와께서 이르시되 네 아들 네 사랑하는 독자 이삭을 데리고 모리아 땅으로 가서 내가 네게 일러 준 한 산 거기서 그를 번제로 드리라" 창세기 22:1~2

하나님의 말씀은 인간적인 상식으로는 도저히 이해할 수 없는 명령이었다. 그러나 아브라함은 이제 약속을 바라보는 기준이 완전히 달라져 있었기에 순종할 수 있었다. 이는 약속의 성취로 주어진 이삭보다 하나님에 대한 신뢰가 그의 심령 안에 더 크게 자리잡게 되었음을 보여준다. 이것을 히브리서 저자는 다음과 같이 말한다.

> **"그가 하나님이 능히 이삭을 죽은 자 가운데서라도 다시 살리실 줄로 생각한지라"** 히브리서 11:19

아브라함에게 있어서 하나님의 약속이란 더 이상 '무엇을 받느냐'가 아니라 '누구를 신뢰하느냐'의 문제로 바뀌어 있었다. 이처럼 아브라함의 삶은 개념이 시간과 삶의 실천 속에서 점검되고 다듬어지고 재정의되는 과정을 그대로 보여준다.

그가 처음 약속을 받았을 때와 이삭을 번제로 바치려 할 때의 '약속'이라는 말은 같은 단어지만 전혀 다른 깊이와 신앙의 무게를 가진 단어가 되어 있었다.

욥기서의 주인공인 욥도 하나님을 향한 그의 신앙을 새롭게 점검하고 삶이 바뀐 인물이다. 욥은 원래 하나님께서 인정하신 의로운 사람이었다. 그는 정직하고 하나님을 경외하며 악에서 떠난 삶을 살았다.

> "우스 땅에 욥이라 불리는 사람이 있었는데 그 사람은 온전하고 정직하여 하나님을 경외하며 악에서 떠난 자더라" 욥기 1:1

욥이 가지고 있던 신앙의 개념은 분명했는데, '의롭게 살면 하나님께서 복을 주시고 악을 행하면 벌을 받는다'는 생각으로 당시 일반적인 인과응보(因果應報)라는 신앙의 틀 안에서 하나님을 이해하고 있었다. 실제로 욥은 부와 자녀, 명예 등 눈에 보이는 축복을 누리며 살았기에 그의 신앙적 개념은 의심할 여지없이 맞는 것처럼 보였다. 그러나 어느 날 갑작스럽게 찾아온 이유 없는 고난―재산의 몰락, 자녀들의 죽음, 그리고 자신의 건강까지 잃게 되는 비극―속에서 욥은 큰 혼란에 빠지게 되었다. 그는 자신이 지켜온 '의'와 '축복', 그리고 '고난'에 대한 개념이 현실 앞에서 무너지는 경험을 하게 된 것이다.

욥은 이런 일을 겪게 되자 자신의 결백을 주장하며 하나님께 "왜 의인이 이런 고난을 받아야 하는가?"라고 따지듯 물었다.

"주께서 주의 손으로 지으신 것을 학대하시며 멸시하시고 악인의 꾀에 빛을 비추시기를 선히 여기시나이까 ... 주의 손으로 나를 빚으셨으며 만드셨는데 이제 나를 멸하시나이다" 욥기 10:3, 8

"나의 죄악이 얼마나 많으니이까 나의 허물과 죄를 내게 알게 하옵소서 주께서 어찌하여 얼굴을 가리시고 나를 주의 원수로 여기시나이까" 욥기 13:23~24

그리고 그를 위로하고자 찾아온 그의 친구들은 여전히 '고난은 죄의 댓가'라는 고정관념 속에서 욥을 정죄했다. 그들은 "고난받는 것은 죄를 지었기 때문"이라는 단순한 논리를 반복하며 욥을 설득하려 했다.

"생각하여 보라 죄 없이 망한 자가 누구인가, 정직한 자의 끊어짐이 어디 있는가. 내가 보건대 악을 밭 갈고 독을 뿌리는 자는 그대로 거두나니" 욥기 4:7~8 (욥의 친구 엘리바스)

"하나님이 어찌 정의를 굽게 하시겠으며 전능하신 이가 어찌 공의

> 를 굽게 하시겠는가 네 자녀들이 주께 죄를 지었으므로 주께서 그들을 그 죄에 버려두셨나니 네가 만일 하나님을 찾으며 전능하신 이에게 간구하고 또 청결하고 정직하면 반드시 너를 돌보시고 네 의로운 처소를 평안하게 하실 것이라" 욥기 8:3~6 (욥의 친구 빌닷)

> "네 말에 의하면 내 도는 정결하고 나는 주께서 보시기에 깨끗하다 하는구나… 하나님은 허망한 사람을 아시나니 악한 일은 상관하지 않으시는 듯하나 다 보시느니라" 욥기 11:4, 11 (욥의 친구 소발)

하지만 욥은 끝까지 자신의 무죄를 주장하며, 기존의 신앙적 개념이 설명해주지 못하는 현실 앞에서 고통스러움을 토로했다.

> "만일 내가 허위와 함께 동행하고 내 발이 속임수에 빨랐다면 하나님께서 나를 공평한 저울에 달아보시고 그가 나의 온전함을 아시기를 바라노라" 욥기 31:5~6

> "누구든지 나의 변명을 들어다오 나의 서명이 여기 있으니 전능자가

내게 대답하시기를 바라노라 나를 고발하는 자가 있다면 그에게 고소장을 쓰게 하라" 욥기 31:35 (욥의 답변)

이 과정은 욥이 평생 당연하게 여겨왔던 신앙적 개념이 철저히 점검되는 시간이었다. 욥은 더 이상 하나님을 의로운 행위에 조건적 보상을 주는 분으로 이해할 수 없었다. 그는 고난 속에서 하나님께 묻고 마음을 토로하며 마침내 하나님의 응답을 듣는 자리까지 갔다. 하나님께서는 욥에게 고난의 이유를 설명하지 않으셨다. 대신 창조주 되신 하나님의 절대적인 주권과 지혜를 드러내셨고, 그때 비로소 욥은 신앙이란 단순히 행위의 옳고 그름, 그리고 상과 벌의 차원을 넘어선다는 것을 깨달았다. 그는 하나님을 머리로만 아는 신앙에서 경험적이고 인격적인 신뢰로 나아갔다. 그리고 욥은 마침내 이렇게 고백하게 되었다.

"내가 주께 대하여 귀로 듣기만 하였사오나 이제는 눈으로 주를 뵈옵나이다. 그러므로 내가 스스로 거두어들이고 티끌과 재 가운데서 회개하나이다" 욥기 42:5~6

이 고백은 단순한 회개의 말이 아니었다. 그가 가지고 있던 하나님, 의로움, 고난에 대한 모든 개념이 새롭게 재정립된 순간이었다. 이것을 깨닫기 전, 욥에게 '복'이란 의로움에 대한 보상이었다면 고난 이후 그의 신앙은 하나님 그분 자체에 대한 경외와 신뢰로 바뀌었다. 고난이라는 현실 속에서 그의 신앙적 개념은 점검되었고 더 깊고 성숙한 신앙으로 다듬어졌다.

이처럼 욥의 삶은 한 번 정의한 신앙적 개념에 안주하지 말고 삶의 과정 속에서 끊임없이 점검하고 성숙시켜야 한다는 것을 우리에게 말해준다. 신앙과 현실 사이에서 혼란을 겪을 때, 그 혼란은 곧 하나님께서 우리의 개념을 더 깊고 넓으며 참되게 다듬으시는 과정일 수 있다.

우리 사회에서 자유를 찾은 탈북자들도 마찬가지다. 이들이 단어의 개념을 어떻게 재정립하느냐에 따라서 정착의 성패를 좌우한다고 해도 과언이 아니다.

북한에서도 '자유'라는 단어가 분명히 존재한다. 북한헌법 제67조는 "공민은 언론, 출판, 집회, 결사, 시위의 자유를 가진다"고 명시하고 있고, 국호에도 '민주주의'와 '공화국'이 포함되어 있다. 그러나 실상 그곳에서의 자유는 철저히 체제 충성과 복종 안에서만 허용되는 허위 개념이다. 한 탈북자는 이렇게 증언했다.

"북한에서 '자유'란 내가 원해서가 아니라, 위에서 시켜서 '자유롭게' 말하고 움직이는 것이다. 자유롭게 춤추라고 시키면 춤을 추는 게 자유였다."

이런 왜곡된 개념 속에서 자라온 이들은 남한이나 제3국에 도달했을 때, 실제 자유의 의미에 직면하면서 혼란과 두려움을 겪는다. 탈북자 A씨는 남한에 와서 처음 편의점에 갔을 때의 충격을 다음과 같이 말했다.

"사람들이 고르고, 계산하고, 말하고, 웃기도 하면서 다 자기 뜻대로 살고 있는 걸 보고 그게 진짜 자유란 걸 알았어요."

그에게 '자유'는 단지 '무엇이든 할 수 있음'이 아니라, 자기 삶을 '스스로 선택하고 책임지는 삶의 방식'이라는 사실을 깨닫는 전환의 순간이었다.

하지만 이 자유는 단순한 해방이 아니다. 오히려 탈북자들은 자유를 '감당해야 할 무게'로 느끼기도 한다. 어떤 이들은 선택할 기회조차 없던 삶에서 갑자기 '너는 무엇을 원하느냐'는 질문을 받으며 존재의 방향성 자체를 재정의하는 어려움을 겪는다. 한 탈북 여성은 인터뷰에서 이렇게 말했다.

"자유는 처음엔 달콤했지만 너무 차가웠어요. 내가 뭘 해야 할지 아무도 말해주지 않으니까요."

이러한 고백은 우리에게 중요한 점을 깨닫게 해준다. 즉, 진정한 자유란 주어지는 것이 아니라 책임지며 살아내야 한다는 것이다. 그것은 단지 억압의 반대말이 아니라 신뢰와 책임, 선택과 분별, 그리고 존엄에 대한 의지를 동반한 개념이다. 탈북자들의 여정은 북한에서 통용되던 '자유'라는 개념이 현실과 부딪히며 점검되고 다듬어져 완전히 새롭게 재정립되는 과정을 보여준다.

결국, 북한에서의 '자유'와 남한에서 경험하는 '자유'는 같은 단어지만 전혀 다른 무게와 내용을 담고 있다. 전자는 통제된 허용이고, 후자는 스스로 옳고 그름을 분별하며 살아내는 삶의 태도이자 가치이다. 그리고 이 재정립된 개념은 단지 체제를 탈출한 것이 아니라 존재의 전환, 즉 자기 자신을 새롭게 정의하며 살아가는 여정이 된다.

이와같이 탈북자의 경험은 공중의 권세 잡은 자가 다스리는 세상에서 주님 안으로 옮겨진 그리스도인에게 시사하는 바가 크다. 즉, 우리가 세상에서 익숙하게 사용해왔던 개념들—사랑, 정의, 고난, 자유 등—이 모든 것이 삶의 현실 속에서 점검되고 갱신되어야 한다는 것이다. 하나님은 지금의 우리에게도 우리가 하는 말 속에 단어의 개념을 신앙 안에서 새롭게 정의하기 원하신다. 우리가 신앙 안에서 하나님의 말씀으로 개념을 재정립하지 않는다면 누군가 그 개념을 대신 정의해 줄 것이다.

그러한 사례는 20세기 전체주의에서 어렵지 않게 찾아볼 수 있다. 나치 독일의 선전장관 요제프 괴벨스는 "거짓말도

백 번 반복하면 진실이 된다"는 유명한 말을 남겼다. 그는 언어와 선전을 무기로 삼아 대중의 사고를 통제했다. 그의 전략은 단순한 거짓말의 반복이 아니었다. 그는 '자유', '평화', '질서', '애국심'과 같은 개념의 의미를 교묘히 바꿔 그 단어가 사람들의 감정과 도덕적 판단을 속이도록 만들었다. 예를 들어 독일인은 전쟁과 살육을 '국가에 대한 충성'으로, 유대인 학살을 '민족 정화'로, 비판자의 제거를 '질서의 회복'으로 받아들이도록 교육받았다. 괴벨스의 선전술은 개념의 껍데기는 남기고 그 안의 의미를 체제에 맞게 비틀어 채우는 방식이었다. 그 결과 사람들은 언어는 그대로 사용하면서도 전혀 다른 현실을 상상하고 결국 자신도 모르게 체제의 공범이 되어버리고 말았다.

괴벨스의 선전은 단지 당시 독일의 문제를 넘어 인간이 개념을 비판 없이 수용하고 점검하지 않을 때 얼마나 쉽게 조작과 통제의 도구로 전락할 수 있는지를 경고한다. 그는 언어를 장악하고 개념의 의미를 재정의함으로써 대중의 사고 자체를 장악했다. 마치 생각할 수 없게 만드는 장치를 언어 안에 심어 놓은 것과 같았다. 이처럼 개념의 점검을 소홀히 하면 단어는 그대로인데 실상은 전혀 다른 의미로 움직이는 사회에 익숙해지고 만다.

조지 오웰의 소설 『1984』[20]는 이 과정을 문학적으로 극대화하여 보여준다. 오웰은 "누가 과거를 지배하느냐는 미래를 지배하고, 누가 현재를 지배하느냐는 과거를 지배한다"고 말한다. 그의 소설에 등장하는 전체주의 국가는 '뉴스피크(Newspeak)'라는 언어 정책을 통해 단어의 수와 의미를 줄이고 불온한 생각 자체를 불가능하게 만들었다. 오웰이 창조한 슬로건, "전쟁은 평화다. 자유는 예속이다. 무지는 힘이다."는 모순된 개념의 결합을 통해 사고의 혼돈을 강요한다.

뉴스피크의 목적은 단순한 언어 축소가 아니다. 오웰은 언어와 개념의 변화가 사람들의 내적 사고 능력, 즉 비판적 의식 자체를 없애버릴 수 있음을 경고했다. 언어는 사고의 도구이기에 표현할 수 없는 단어는 곧 생각할 수 없는 개념이 된다. 예를 들어서, 뉴스피크에는 '자유(Freedom)'라는 단어 자체가

---

20 『1984』: 영국의 소설가 조지 오웰의 디스토피아 소설이다. 1949년 집필 당시 기준으로 먼 미래인 1984년을 지배하고 있는 가상의 전체주의 독재 국가 오세아니아에서 주인공 윈스턴 스미스가 겪는 사건을 다룬다. (출처: 나무위키)

없다. 그 결과, 정치적이고 철학적인 자유라는 개념 자체를 만드는 것이 불가능하게 되어 '자유'는 인간의 의식 안에서 사라지게 되었다. 이렇게 소설 속 주인공 윈스턴은 체제의 거짓과 진실 사이에서 혼란을 겪으며 마지막까지 "2+2=4"라는 단순한 진리를 붙잡으려 하지만, 체제는 "2+2=5"라고 믿도록 강요하며 현실 자체까지 무너뜨렸다.

『1984』는 단어 하나하나가 국가의 필요에 맞게 재정의되고, 개념이 체제 유지의 도구로만 기능할 때 개인이 어떻게 존재의 자유를 상실하는지를 보여주고 있다. 결국 단어의 의미를 빼앗기는 순간, 인간은 자기 자신을 잃는 것이다.

괴벨스의 선전과 오웰의 『1984』는 우리가 언어와 개념의 점검을 게을리할 때 나타나는 결과를 생생히 증언하고 있다. 그리고 개념을 성찰하지 않는 인간은 결국 생각조차 빼앗기게 된다고 경고한다.

이처럼 시대와 사회가 말하는 개념의 정의는 언제나 왜곡될 위험에 노출되어 있다. 우리가 그것을 삶으로 점검하지 않으면 말은 그대로인데 의미는 완전히 다르게 작동하는 세계에 익숙해지고 만다. 그것은 단지 언어의 문제가 아니라 삶의 방향과 존재의 진실을 빼앗기는 문제다.

신앙도 마찬가지다. 우리가 '믿음', '은혜', '축복', '헌신' 등 단어를 어떻게 이해하고 살아내고 있는지 점검하지 않으면 그것은 신앙이 아니라 습관화된 종교 언어가 되고 만다.

그리스도인으로서 정체성을 갖고 살고자 한다면 사용하는 단어의 개념부터 재정립해야 한다. 그 개념이 성경으로 세워졌다면 그리스도인으로서 자신있고 당당하게 말할 수 있는 사람이 될 것이다.

관련 영상보기
• 하나님께서 우리에게 허락하신 것을 요구하실 때

Chapter 3

개념있는 행동을 하라

개념 있는 행동은 생각의 완성이다. 인간은 사고하는 존재로 지음을 받았다. 우리는 생각을 통해 세상을 인식하고 그 생각 위에 기준을 세우고 개념을 정립한다. 그러나 생각과 개념이 아무리 정리되었다 하더라도 그것이 현실의 삶 속에서 실천되지 않는다면 그 모든 지식과 신념은 공허한 이상에 머무르고 만다. 생각은 말로 표현되고 말은 행동으로 옮겨져야 한다. 그리고 그 행동은 개인의 내면을 넘어서 공동체와 시대 속에 영향력을 미치는 방식으로 실현되어야 한다.

Chapter 3에서는 앞서 정립된 개념이 어떻게 삶으로 실현되어야 하는가를 네 가지 차원에서 살펴보고자 한다.

1장	말의 확신
2장	행동의 소신
3장	의식의 열정
4장	삶의 가치

●

확신이 담긴 말은
단순한 주장이 아니라,
사람을 감동시키고 시대를 움직이며
공동체를 새롭게 만든다.

1장

말의 확신

 생각하고 개념을 정립하는 것으로 사고가 완성되는 것은 아니다. 사고는 반드시 말과 행동을 통해 세상과 연결될 때, 그 힘을 발휘한다. 특히, 우리의 개념이 실제로 드러나는 첫 번째 통로는 '말'이다. 말은 인간이 생각을 표현하고 타인과 소통하는 가장 직접적인 도구다. 우리는 마음에 있는 생각과 개념을 말이라는 그릇에 담아 전달한다. 그러나 말은 단순한 음성의 조합이 아니다. 말의 힘은 그 안에 담긴 내용과 의도, 그리고 확신에 의해 결정된다. 기술적인 수사나 말솜씨보다 더 중요한 것은 '자신이 말하고자 하는 바에 대한 확고한 이해와 신념이 있는가'이다. 확신이 담긴 말은 자연스레 힘을 가지며 말하는 사람에게는 자신감을, 듣는 사람에게는 설득력과 감동을 준다. 반대로 확신 없이 던진 말은 오히려 혼란과 불신을 초래할 수 있다. 때로는 차라리 하지 않는 것이 더 나은 경우도 있다.

말에 확신을 담기 위해서는 먼저 심사숙고와 내면의 정리가 필요하다. 자신이 무엇을 말하려는지 분명히 알고 그 말이 어떤 기준과 경험을 통해 정립되었는지를 검토해야 한다. 이 과정을 통해 말은 단순한 소리가 아닌, 논리적이고 신뢰할 수 있는 메시지가 되며 듣는 이의 마음을 움직이는 권위를 지니게 된다.

예수님은 이러한 '말의 확신'을 가장 분명하게 드러내셨다. 예수님의 말씀에는 언제나 확신이 담겨 있었다. 그분의 말씀은 단순한 교훈이나 지식 전달이 아니었다. 예수님은 자신의 말이 무엇을 위해 말하는지에 대한 분명한 인식과 신적 권위를 가지고 말씀하셨다. 우리는 예수님의 산상수훈을 통해서 이를 확인할 수 있다.

예수님 당시 유대인 사회에서 '복(福)'이란 주로 물질적 풍요나 건강, 자손의 번창, 장수와 같은 현세적인 번영을 의미했다. 구약 성경에서도 복은 종종 이러한 외적인 축복과 연결되어 이해되었다[21]. 유대인들은 하나님의 율법을 잘 지키면 이 땅에서 형통하고 부유해지는 것이 '복'이라 여겼다. 따라서 가난이나 질병과 고난은 하나님의 저주나 죄의 결과로 인식되기 쉬웠다. 그러나 예수님은 산상수훈에서 이 기존 개념을 완전히 뒤집으셨다. 예수님은 이렇게 말씀하셨다.

"심령이 가난한 자는 복이 있나니 천국이 그들의 것임이요 애통하는 자는 복이 있나니 그들이 위로를 받을 것임이요 온유한 자는 복이 있나니 그들이 땅을 기업으로 받을 것임이요 의에 주리고 목마른 자는 복이 있나니 그들이 배부를 것임이요 긍휼히 여기는 자는 복이 있나니 그들이 긍휼히 여김을 받을 것임이요 마음이 청결한 자는 복이 있나니 그들이 하나님을 볼 것임이요 화평하게 하는 자는 복이 있나니

---

[21] 신명기 28장

그들이 하나님의 아들이라 일컬음을 받을 것임이요 의를 위하여 박해를 받은 자는 복이 있나니 천국이 그들의 것임이라"

마태복음 5:3~10

예수님이 말씀하신 '복(福)'은 더 이상 물질적 번영이나 세상의 기준으로 측정되는 것이 아니었다. 오히려 가난, 애통, 온유, 의에 대한 갈망, 박해 등 세상적으로는 결코 복이라 여겨지지 않는 상태를 두고 '복이 있다'고 선언하셨다.

이는 단순한 말의 기교가 아니었다. 예수님은 하나님 나라의 가치관, 즉 영원한 관점에서 본 '참된 복'이 무엇인지를 확신에 차서 선포하신 것이다. 이 말씀은 인간의 외적 조건이 아니라 하나님과의 바른 관계 속에서 누리는 내적 상태가 진정한 '복'임을 분명히 했다.

산상수훈이 끝난 후, 사람들은 예수님의 말씀에 깊은 충격을 받았다.

"이는 그 가르치시는 것이 권위 있는 자와 같고 그들의 서기관들과 같지 아니함일러라" 마태복음 7:29

당시 서기관들은 율법을 해석하고 전통을 반복하는데 그쳤다. 그들의 말은 외적인 형식과 권위에 의존했지만 내면의 확신과 진리는 결여되어 있었다. 반면, 예수님은 하나님 나라의 원리를 자신의 존재와 일치된 확신으로 선포하셨고 그 말에는 타협 없는 진리와 생명의 힘이 담겨 있었다. 예수님은 단순히 지식이나 율법 해석을 전달하신 것이 아니라 기존의 율법의 규범을 넘어 하나님 나라의 본질과 삶의 태도에 대해 근본적인 가르침을 주셨다. 사람들은 그 말씀이 서기관들의 말과는 전혀 다른 내면의 권위와 진리를 담은 말이라는 것을 직감했다. 예수님의 말에는 단순한 정보가 아니라 삶과 영혼을 꿰뚫는 확신이 있었고, 그 확신이 듣는 이의 심령을 흔들었다.

이러한 확신의 언어는 사도 베드로의 입에서도 이어졌다. 그는 갈릴리 출신의 평범한 어부였고 특별한 학문이나 웅변술을 익힌 사람도 아니었다. 그러나 예수님의 부활을 목격하고 성령이 그에게 임하신 후 그는 완전히 달라졌다. 특히, 사도행전 3장에서 베드로와 요한은 성전 미문 앞에서 태어나면서부터 걷지 못한 사람을 예수 그리스도의 이름으로 일으키는 기적을 행하는 사건으로 인해 사람들의 큰 주목을 받게 되었고, 곧바로 유대 종교 지도자들에 의해 산헤드린 공회로 끌려가 심문을 받게 되었다

산헤드린 공회는 유대사회에서 최고의 종교적, 정치적 권위를 지닌 기관이었다. 보통 사람들은 그 앞에 서기만 해도 두려움에 떨 수밖에 없었다. 그러나 베드로는 오히려 담대하게 다음과 같이 선포했다.

> **"다른 이로써는 구원을 받을 수 없나니 천하 사람 중에 구원을 받을 만한 다른 이름을 우리에게 주신 일이 없음이라"** 사도행전 4:12

베드로의 말은 단순한 주장이나 지식의 전달이 아니었다. 이는 예수 그리스도의 죽음과 부활, 그리고 성령의 능력을 직접 체험한 자만이 할 수 있는 확신에 찬 선포였다. 그는 구원의 유일성을 확고하고 분명하게 말했고 인간적 두려움이나 타협이 전혀 없었다. 사도행전 4장에서는 그들의 말을 들은 사람들이 그들의 담대함에 놀랐다고 말하고 있다.

> "그들이 베드로와 요한이 담대하게 말함을 보고 그들을 본래 학문 없는 범인으로 알았다가 이상히 여기며 또 전에 예수와 함께 있던 줄도 알고" 사도행전 4:13

베드로의 말은 논리나 수사 때문이 아니라 복음에 대한 분명한 믿음과 체험에서 우러나온 확신에서 비롯된 것이었다. 그 확신은 단호함과 담대함을 낳았고 결국 듣는 이로 하여금 놀람과 존경, 두려움까지 느끼게 했다.

이처럼 확신에 찬 말은 단순한 주장에 그치지 않고 사람과 시대를 움직이는 힘이 된다. 한 개인의 확신이 언어로 표현될 때, 그의 말은 더 이상 그 사람의 내면에 머무르지 않는다. 그것은 다른 이들의 마음에 불을 지피고, 하나의 목표와 비전을 향해 공동체를 결집시키는 동력이 된다.

우리나라의 박정희 대통령 역시 그런 확신의 언어를 구사한 지도자였다. 그는 "잘 살아보자"는 말을 단순한 구호로 그치게 하지 않았다. 그 한마디는 온 국민이 가슴에 새기고 땀과 눈물로 실천해야 할 국민적 약속으로 만들어졌다. 그의 연설과 발언은 빈말이 아니었다. 그것은 일생 동안 가난과 전쟁의 참혹함을 몸소 겪으며 다져진 각오에서 나온 깊은 울림을 가진 언어였다.

> "내 가슴속에 눌리지 않고 맺혀 있는 하나의 소원이 있다면 우리도 어떻게 하든지 남과 같이 잘살아봐야겠다. 이러한 염원입니다."
> 박정희, 1966년 12월 17일, 취임 제3주년 기자회견 中

이 말은 그가 단순히 경제 지표의 상승을 말하는 것이 아니었음을 보여준다. 그것은 한민족 전체가 더 이상 굶주리지 않고, 더 이상 의존하지 않고, 스스로의 힘으로 일어서는 자립과 자존의 꿈이었다. 그의 "잘 살아보자"는 구호는 수많은 좌절과 절망을 반복하던 국민들에게 새로운 비전을 던졌다. 그 구호는 당시 국민에게 '잘 사는 것은 불가능하지 않다'는 희망의 메시지였고 '나도 할 수 있다'는 자각의 촉매였다.

그는 말만 앞세운 정치인이 아니었다. 새마을운동과 경제개발 5개년 계획, 중화학공업 육성 등 실질적이고 구체적인 정책들을 통해 그 비전을 실행에 옮겼다. 구호를 넘어 그 구호가 대한민국 땅에 뿌리를 내리고 사람의 손과 발로 실천되도록 만든 지도자였다. 그는 직접 농촌을 찾아다니며 마을 주민과 대화했고 행정관료와 기업인들을 독려하며 국가적 과제를 함께 나눴다. 그의 말은 단순한 정치적 수사나 연설문의 문장이 아니었다. 이미 수많은 시행착오의 경험과 밤잠을 설친 고민의 시간 속에서 다듬어지고 증명된 확신의 언어였다.

   그의 확신의 언어는 국민의 마음을 움직였다. 그 말은 국민의 가슴에 불을 지폈고 한국 사회를 변화시키는 국민운동으로 확산되었다. 수많은 국민이 그 말을 붙잡고 다시 일어섰다. 그 결과, 1962년 당시 23억 달러에 불과했던 GDP[22]가 1989년에는 약 2,040억 달러로 약 90배가 성장하였고, 1인당 GDP는 1962년 87달러에서 1989년 약 4,968달러로 증가하는 '한강의 기적'을 이루어냈다. 박정희 대통령의 말은 그냥하는 말이 아니었다. 그것은 국민 스스로 자신의 삶을 바꾸고자 결단하게 만드는 행동의 언어, 희망의 언어였다. 그의 언어는 한 시대의 정신이 되었고 그 시대를 넘어 오늘까지도 여

---

22 국내총생산: 국내총생산(國內總生産, gross domestic product)은 일정 기간 동안 한 국가에서 생산된 재화와 용역의 시장 가치를 합한 것을 의미하며 보통 1년을 기준으로 측정한다. (출처: 위키백과)

전히 회자되는 힘을 지니게 되었다.

　말의 무게는 그 안에 담긴 내면의 깊이와 진실성에서 비롯된다. 확신이 담긴 말은 단순한 주장이 아니라 사람을 감동시키고 시대를 움직이며 공동체를 새롭게 만든다. 오늘날 우리는 말이 넘쳐나는 시대에 살고 있지만 정작 '확신 있는 말'은 점점 더 희귀해지고 있다. 그렇기에 우리는 더욱 심사숙고해야 한다. 내가 지금 하려는 말은 어떤 생각과 기준에서 나오는가? 그 말은 나의 삶과 일치하는가?

　우리가 선택한 기준에서 생각이 정리되고 개념이 세워지며 그것은 우리의 말로 이어진다. 그리고 우리의 의미있고 확신에 선 말이 다시 세상을 바꾼다. 우리가 이 세상에서 이루고자 하는 일이 있다면 우리가 하는 말의 무게를 다시 묻고 확신 있는 언어로 세상과 연결되어야 한다.

관련 영상보기
- 베드로와 산헤드린 공회

2장

행동의 소신

사고는 말로 표현되고 말은 행동으로 이어진다. 그러므로 우리의 행동은 단순한 몸의 움직임이 아니라 이미 마음속에서 형성된 생각과 기준의 결정체. 사람이 어떠한 행동을 하기까지는 반드시 내면의 기준에 의한 사고 → 사고에 의해 얻어진 기준 → 선택되어진 결정 → 그것에 기반한 행동이라는 단계를 거친다. 즉, 행동은 우연히 발생하는 것이 아니라 의식적이든 무의식적이든 생각과 판단의 결과인 것이다. 그러나 이 사고와 기준이 불분명하거나 감정에 치우쳐 있다면 행동은 외부 상황이나 주변 의견에 쉽게 흔들리고 일관성과 책임감이 결여된 방향으로 흐르기 쉽다. 우리가 종종 "그냥 했다"

는 식으로 표현하는 행동조차 실은 감정과 경험, 습관, 가치 판단 등의 영향을 받은 결과물이다. 다만 그 이유를 인식하지 못했을 뿐이다. '그냥'하는 행동은 없다. 단지 '의식되지 않은 이유'가 있을 뿐이다.

소신 있는 행동은 단순한 용기나 충동이 아니라 정리된 사고와 선택된 기준에 따라 결정을 내리고 그 결정을 실천에 옮긴 것이다. 소신은 고집이 아니다. 소신은 내면의 정리, 기준에 대한 확신, 반복된 검토에서 나오는 일관된 힘이다.

반대로, 이러한 내면의 기준이 없거나 외부의 압력에 의해 쉽게 흔들린다면 결정적인 순간에 옳지 못한 결정으로 치우치고 만다. 로마 제국이 임명한 유대 총독이었던 빌라도는 예수 그리스도의 재판을 맡은 인물이었다. 그는 세 번이나 "이 사람에게서 나는 아무 죄도 찾지 못하였노라"고 말하며 예수께서 무죄임을 분명히 인식하고 있었다.

> "빌라도가 이르되 진리가 무엇이냐 하더라 이 말을 하고 다시 유대인들에게 나가서 이르되 나는 그에게서 아무 죄도 찾지 못하였노라"
>
> 요한복음 18:38

"빌라도가 다시 밖에 나가 말하되 보라 이 사람을 데리고 너희에게 나오나니 이는 내가 그에게서 아무 죄도 찾지 못한 것을 너희로 알게 하려 함이로라 하더라" 요한복음 19:4

"대제사장들과 아랫사람들이 예수를 보고 소리 질러 이르되 십자가에 못 박으소서 십자가에 못 박으소서 하는지라 빌라도가 이르되 너희가 친히 데려다가 십자가에 못 박으라 나는 그에게서 죄를 찾지 못하였노라" 요한복음 19:6

또한 마태복음에는 그가 유대 종교지도자들이 예수를 시기하여 넘긴 것을 알았다고 기록되어 있다.

"이는 그가 그들의 시기로 예수를 넘겨 준 줄 앎이더라" 마태복음 27:18

그럼에도 불구하고 빌라도는 대중의 분노와 유대 종교 지도자들의 협박에 못이겨 결국 무죄한 예수를 십자가에 넘기는 비겁한 결정을 내렸다. 그는 로마 총독으로서 최고의 권한을 가지고 있었지만 자신의 권위를 지키지 못했고 정의를 수

호할 용기도 없었다. 그는 예수님을 심문하며 아무런 죄를 찾지 못했다고 여러 번 선언했다. 그리고 심문 중에 신앙적인 호기심을 내비치기도 했지만, 그것은 진리를 향한 진정한 탐구라기보다는 자신의 책임을 피해 가려는 회피에 가까웠다.

빌라도는 민중의 함성과 제사장들의 압력 앞에서 갈등했다. 그는 예수를 놓아주려는 시도를 했으나 군중은 "바라바를 놓아주라, 예수를 십자가에 못 박으라"고 외쳤다. 결국 그는 군중의 소리에 굴복했다. 그는 자신의 확신과 신념, 그리고 법적 판단보다 대중의 소리와 정치적 안정을 더 중요시했다. 빌라도는 예수님의 무죄를 확신했으면서도 정치적 이익을 앞세운 나머지 그 확신을 지키기 위한 용기와 결단을 내리지 못했다.

그는 손을 씻으며 "나는 이 사람의 피에 대해 무죄하니 너희가 당하라[23]"고 말하였다. 그가 손을 씻은 것은 스스로의 무고함을 선언하여 책임을 피하려는 상징적이고 의식적인 행위에 불과했고 실제적인 책임에서는 벗어날 수 없었다. 그는 법적으로, 역사적으로, 도덕적으로 예수를 십자가형에 넘긴 결

---

23 마태복음 27:24

정의 최종 책임자였다. 그의 손과는 반대로 그의 양심은 결코 깨끗해질 수 없었다. 빌라도는 진리를 알았고 정의를 행할 기회도 있었다. 하지만 그는 권력의 자리에서 소신을 저버리고 타인의 요구와 정치적 계산에 자신을 내맡겼다. 그는 자신의 신념을 행동으로 옮기지 못한 자로, 역사의 가장 불의한 판결을 내린 심판자로 남게 되었다.

소신이 없는 판단은 유연하고 타협적인 것처럼 보일 수 있지만, 결국에는 가장 본질적인 책임을 피하지 못한 채 오히려 더 깊은 비극을 초래할 수 있다. 빌라도는 진실을 알았음에도 불구하고 행동하지 않았고, 그의 그릇된 판단은 인류 역사상 가장 의로운 분의 죽음이라는 결과를 낳았다. 내면의 기준이 명확하지 않을 때, 행동 또한 타인의 기대나 두려움에 좌우되어 역사 앞에 책임질 수 없는 결과를 남긴다.

반대로, 다니엘은 죽을 위험 속에서도 소신을 지켰다. 다니엘은 바벨론이 유다 왕국을 1차로 침공했을 때 포로로 끌려갔던 유대 청년이었다. 그는 바벨론 왕궁에서 엘리트 교육을 받으며 장차 왕을 섬길 관리로 훈련받는 자리에 있었지만, 하나님 앞에서 자신을 지키고자 뜻을 정했다.

"다니엘은 뜻을 정하여 왕의 음식과 그가 마시는 포도주로 자기를 더럽히지 아니하리라 하고 자기를 더럽히지 아니하도록 환관장에게 구하니" 다니엘 1:8

당시 바벨론 왕궁의 음식은 우상에게 바쳐졌거나 율법상 부정한 것이 많았기에 이를 먹는 것은 신앙과 정체성을 포기하는 행위에 가까웠다. 그러나 다니엘은 신앙의 기준을 분명히 세우고 그것을 행동으로 옮겼다. 그는 환관장에게 단호하게 음식으로 자신을 더럽힐 수 없다고 요청했고, 결국 하나님께서 그에게 은혜를 더하셔서 사람들 앞에서 지혜와 총명으로 인정을 받게 하셨다. 이후에도 그는 우상에게 절하라는 명령을 거부하고 기도를 금지하는 조서를 무시하며 하루 세 번 예루살렘을 향해 기도했다. 이 모든 행동은 감정적인 반응이 아니라 이미 마음속에 정립된 신앙의 기준과 사고의 일관성에서 비롯된 소신의 실천이었다.

야곱의 아들 요셉 역시 애굽이라는 낯선 땅에서 동일한 원칙을 지켰다. 그는 형들의 시기와 배신으로 인해 노예로 팔려가고 억울한 누명을 써 감옥까지 가게 되는 고난의 길을 걸었다. 그러나 그 모든 상황 속에서도 하나님과의 관계를 포기하지 않았고 자기 삶의 기준을 흐트러뜨리지 않았다. 보디발 아내의 유혹을 받았을 때, 요셉은 이렇게 말했다.

"이 집에는 나보다 큰 이가 없으며 주인이 아무것도 내게 금하지 아니하였어도 금한 것은 당신뿐이니 당신은 그의 아내임이라 그런즉 내가 어찌 이 큰 악을 행하여 하나님께 죄를 지으리이까" 창세기 39:9

요셉은 단순히 유혹을 피한 것이 아니라 이미 내면에 정립된 도덕적 기준과 하나님 앞에서의 신앙적 사고에 따라 행동한 것이다. 보디발 아내는 반복적으로 그를 유혹했지만 요셉은 그때마다 흔들리지 않았다. 이처럼 그의 소신은 일회적 충동이 아니라 반복적 유혹 속에서도 유지된 신념의 실천이었다.

다니엘과 요셉은 공통적으로 낯선 이방 땅에서 문화와 제도, 권력의 압력 속에 놓인 인물들이었다. 그러나 그들은 외부의 강요보다 자신 안에 있는 신앙적 기준을 따랐다. 그들의 행동은 충동이나 감정이 아니라 사고를 거쳐 내면에 정립된 가치에서 나온 의식적인 선택이었다. 그 선택은 일관되었고, 그 일관성이 곧 소신이 되었다.

에스라 시대에도 한 지도자의 소신 있는 행동이 백성 전체를 성결하게 하는 종교개혁으로 이어진 사례를 볼 수 있다. 에스라가 활동하던 시기는 유다 백성이 약 70년간의 바벨론 포로 생활을 마치고 고국으로 돌아와 무너진 신앙과 정체성을 회복하려던 매우 중요한 전환점이었다. BC 586년, 유다 왕국은 바벨론에 의해 멸망하고 예루살렘 성전은 파괴되었으며 많은 백성이 포로로 끌려갔다. 이후 BC 539년, 바벨론을 정복한 바사제국(페르시아제국)의 고레스 왕은 귀환을 허락했고 이로 인해 세 차례에 걸쳐 귀환이 이루어졌다. 에스라는 그 중 두 번째 귀환(BC 458년경)을 이끈 제사장이자 율법학자였다.

귀환 후 유다 백성은 겉으로는 일상이 어느 정도 회복된 듯 보였지만 내부적으로는 영적으로 혼란스러웠다. 포로기간 동안 율법에 대한 인식은 희미해졌고 주변 이방 민족과의 결혼을 통해 신앙적 순수성도 심각하게 훼손되어 있었다. 특히 많은 남성들이 가나안과 이방 여성들과 혼인하여 자녀를 두었는데 이는 단순한 문화적 교류를 넘어서 율법에 대한 불순종과 신앙의 타협으로 이어졌다.

이러한 상황에서 에스라는 하나님의 말씀을 기준으로 삼아 공동체의 신앙과 삶을 바로잡고자 했다. 그는 이방 여인과의 혼인을 심각하게 문제 삼으며 신앙의 정체성을 지키기 위한 단호하고도 중대한 결단을 내렸다. 에스라는 죄를 슬퍼하면서 금식과 회개의 본을 보였고, 백성들 역시 이에 동참하여 이방 여인들과 그 자녀들을 내보내야 한다는 결정을 내렸다.

"유다와 예루살렘에 사로잡혔던 자들의 자손들에게 공포하기를 너희는 예루살렘으로 모이라 누구든지 방백들과 장로들의 훈시를 따라 삼 일 내에 오지 아니하면 그의 재산을 적몰하고 사로잡혔던 자의 모임에서 쫓아내리라 하매 유다와 베냐민 모든 사람들이 삼 일 내에 예루살렘에 모이니 때는 아홉째 달 이십일이라 무리가 하나님의 성전 앞 광장에 앉아서 이 일과 큰 비 때문에 떨고 있더니 제사장 에스라가 일어나 그들에게 이르되 너희가 범죄하여 이방 여자를 아내로 삼아

> 이스라엘의 죄를 더하게 하였으니 이제 너희 조상들의 하나님 앞에서 죄를 자복하고 그의 뜻대로 행하여 그 지방 사람들과 이방 여인을 끊어 버리라 하니 모든 회중이 큰 소리로 대답하여 이르되 당신의 말씀대로 우리가 마땅히 행할 것이니이다" 에스라 10:7~12

이 선택은 감정적으로 큰 고통을 수반했고 외부의 시각으로는 배타적이고 비인간적으로 비칠 수도 있었다. 그러나 에스라와 공동체는 거룩함과 하나님의 언약을 타협할 수 없는 기준으로 삼았고 일시적인 평안보다 영적 정체성을 우선시하는 길을 택했다. 이처럼 한 사람의 신념과 행동이 공동체 전체의 방향을 돌이키는 종교개혁으로 이어져 단순한 율법 준수를 넘어 하나님 앞에서 일관된 신앙적 소신 있는 실천으로 나타났다.

이러한 소신의 태도는 대한민국의 건국 대통령 이승만에게서도 볼 수 있다. 이승만은 해방 직후 좌우 대립이 극심했던 시기에 "나는 공산당과는 절대 타협할 수 없다[24]"고 선언했다. 이 말은 단순한 정치적 발언이 아니라 자유와 인간 존엄, 신앙과 재산권을 지키겠다는 내면의 기준에 따라 실천한 행동의 표현이었다. 당시 사회 분위기는 좌우합작과 민족통일을 위한 남북협상을 주장하는 흐름이 강했고 미군정도 공산주의 세력과의 절충을 시도하고 있었다. 그러나 이승만은 공산주의는 신앙을 탄압하고 인간의 자유를 말살하는 전체주의 체제라는 철저한 인식 아래 그들과는 어떤 정치적 타협도 불가능하다고 보았다.

그의 행동은 시대의 흐름이나 대중의 감정에 따라 움직인 것이 아니었다. 신앙에서 비롯된 자유의 철학, 하나님 앞에서의 인간의 존엄을 중심으로 정립된 정치적·도덕적 기준에 따라 결단하고 행동한 것이다. 그리고 그 행동은 오늘날 대한민국이 공산독재가 아닌 자유민주주의 국가로 존재할 수 있는 근간이 되었다.

그러므로 소신 있는 행동이란, 외부의 소리에 흔들리지 않고, 내면의 기준을 따라 움직이는 삶의 태도다. 그것은 때로는

---

24 이승만, "나는 공산당과는 절대 타협할 수 없다", 대구시민 환영대회 연설, 1946년 6월 3일, 대구 계성학교 운동장 – 이승만은 이 연설에서 공산주의와의 절대 불가 타협을 선언하며, "공산주의는 하나님도 없고, 자유도 없고, 재산도 인정하지 않는다"고 발언함. 이는 대한민국 자유민주주의 체제 수립의 사상적 기초를 공개적으로 천명한 결정적 계기였다.

손해처럼 보이고 고립을 자초하는 길일 수 있지만 진정한 자유와 정의, 믿음 위에 서는 선택은 언제나 즉흥이 아니라 준비된 용기에서 나오는 것이다. 다니엘과 요셉, 에스라, 그리고 이승만 대통령은 모두 자기 안의 기준을 따랐고 그것을 행동으로 일관되게 옮겼기에 소신 있는 인물로 남았다.

이처럼 사고가 있고, 기준이 세워지고, 개념이 정립되었을지라도 그것이 실제로 삶에서 행동으로 이어지지 않으면 그 개념은 공허한 이론에 머무르게 된다. 반면, 소신 있는 행동은 개념을 실천으로 검증하는 자리이며 그 행동은 사람들에게 신뢰를 주고 삶의 방향성을 분명하게 세워준다. 개념 있는 행동은 단지 좋은 사람이 되는 것이 아니라 생각한 바를 책임 있게 실천하는 인간의 고귀한 능력이며 신앙인의 삶에서 진리를 증언하는 가장 설득력 있는 방식이다.

관련 영상보기

• 빌라도의 선택

3장

의식의 열정

사고와 개념은 행동으로 이어져야 하고 행동은 열정이라는 에너지를 통해 생명력을 얻는다. 따라서 열정은 단순한 감정이 아니라 의식적인 가치와 헌신이 결합된 실천의 동력이다. 국어사전은 '열정(熱情)'을 "어떤 일에 열렬한 애정을 가지고 열중하는 마음"[25]이라고 정의한다. 즉, 열정은 충동이나 감정적 고조가 아니라 깊이 인식한 가치에 대한 애정과 집중을 의미한다. 우리는 열정적인 삶을 동경하지만, 진정한 열정은

---

[25] 표준국어대사전

우연히 생기는 것이 아니다. 열정은 의식된 가치, 확립된 기준, 정립된 개념 위에서 자신이 무엇을 위해 살아가는지를 깨달을 때, 비로소 발현된다.

그렇다면, 열정은 어디서 오는 것일까? 열정은 '의식된 가치'에서 비롯된다. 자신이 중요하다고 믿는 것을 의식적으로 선택하고 사랑할 때, 그 대상은 단순한 이상이 아니라 행동으로 끌어내는 에너지가 된다. 가치관과 삶의 방향이 모호하면 열정은 순간적인 감정으로 사라진다. 반면, 정립된 개념 위에서 뿌리내린 열정은 지속 가능하고 견고한 힘이 된다.

예수님 역시 의식된 열정의 본을 보여주셨다. 요한복음 2장에 따르면, 예수님은 유월절을 앞두고 예루살렘 성전에 들어가셨을 때, 그곳이 장사치들로 가득 차고 기도하는 집이 강도의 소굴이 된 현실을 보셨다. 예수님은 곧바로 노끈으로 채찍을 만들어 상인들을 몰아내고 비둘기 파는 자들의 상을 뒤엎으시며 이렇게 외치셨다.

> **"비둘기 파는 사람들에게 이르시되 이것을 여기서 가져가라 내 아버지의 집으로 장사하는 집을 만들지 말라 하시니"** 요한복음 2:16

이 장면은 단순한 분노의 폭발이 아니라 하나님의 집은 기도의 집이어야 한다는 본질에 대한 신념과 열정이 행동으로 나온 것이었다. 이 사건 이후 제자들은 "주의 전을 사모하는 열심이 나를 삼키리라[26]"는 시편 69편 9절의 말씀이 예수님 안에서 성취되었음을 깨달았다. 예수님의 열정은 감정적 격분이 아니라 하나님의 뜻에 대한 깊은 인식과 그 가치에 대한 사랑에서 나온 의식된 거룩한 분노였으며 공생애 사역 전반에 흐르는 방향성을 보여주는 시작점이었다.

성경 속 인물 가운데 사도 바울은 열정의 본질이 무엇인지를 가장 분명하게 보여주는 인물이다. 바울은 예수 그리스도를 인격적으로 만난 후, 그 이전의 종교적 열심과는 완전히 다른 차원의 열정을 갖게 된다. 그는 단순한 감정적 열심이 아니라,

---

[26] 요한복음 2:17

"예수 그리스도와 복음"이라는 의식된 가치를 중심에 두고 살아간다. 그리고 고린도전서 9장 16절에서 그는 다음과 같이 고백한다.

> "내가 복음을 전할지라도 자랑할 것이 없음은 내가 부득불 할 일임이라 만일 복음을 전하지 아니하면 내게 화가 있을 것이로다"
>
> 고린도전서 9:16

바울은 자신이 받은 사명—곧 이방인에게 복음을 전하라는 부르심—에 대해 자발적인 헌신을 넘어서 생존과도 같은 의무로 받아들였다. 그는 삶 전체를 그 부르심의 방향으로 조정하였고 감옥과 고난과 죽음의 위협 속에서도 흔들리지 않았다. 이러한 바울의 열정은 감정의 고조에서 나온 것이 아니라 사명을 향한 인식과 신념이 만든 지속 가능한 에너지였다. 그는 다음과 같이 고백하며 생애 전체를 의식된 열정으로 불태웠다.

> "내가 달려갈 길과 주 예수께 받은 사명 곧 하나님의 은혜의 복음을 증언하는 일을 마치려 함에는 나의 생명조차 조금도 귀한 것으로 여기지 아니하노라" 사도행전 20:24

이처럼 열정은 단지 뜨거움이 아니다. 그것은 무엇이 가장 중요한가를 자각한 사람만이 가질 수 있는 불꽃이다. 이 열정은 신앙의 영역뿐 아니라 역사의 현장에서도 위대한 변화를 이끈 원동력으로 작동해 왔다.

느헤미야에게도 이러한 열정이 있었다. 그는 바사제국에서 친척 하나니를 통해 피폐해진 예루살렘의 상황을 듣고 마음 깊이 통곡하며 기도했다. 당시 예루살렘은 여전히 도시 외곽 성벽이 무너진 상태로 외부 민족의 공격과 조롱에 노출되어 있었다. 정치적으로는 바사제국의 속국이었고 종교적으로는 이방 민족과의 통혼과 율법 무지로 인해 신앙적 혼란이 만연해 있었다. 귀환한 유대인들조차 실질적인 자치권 없이 바사 총독의 통치 아래 살아가고 있었으며 공동체는 무기력과 패배감에 빠져 있었다.

이러한 상황 속에서 느헤미야는 바사 왕 아닥사스다 1세의 술 관원으로 안정된 궁정 생활을 하고 있었음에도 불구하고 민족의 고통을 모른척하지 않았다. 그는 깊은 슬픔에 금식하며 기도했다. 그리고 자신의 지위와 안정을 내려놓고 왕의 허락과 명령을 받아 총독의 직책으로 직접 예루살렘으로 돌아가 성벽 재건을 지도했다.

그 당시 내부의 무기력과 외부의 위협은 거셌지만 느헤미야는 "하나님이 함께하신다"는 믿음을 바탕으로 수많은 반대와 방해 속에서도 일을 추진했다. 심지어 성벽을 건축하는 이들은 한 손에는 연장을, 다른 손에는 무기를 들고 공사를 감행해야 할 정도로 긴박한 상황이었다. 그럼에도 불구하고 느헤미야는 52일 만에 성벽을 완공해냈다. 그는 공동체 전체에 신앙적 각성과 민족적 자존감을 회복시키는 전환점을 만들었다.

그의 열정은 단순한 민족주의나 감정적 분노가 아니라 하나님의 뜻을 실현하려는 헌신이었고 결국 공동체를 새롭게 하는 열정적 실천으로 열매를 맺었다.

그의 리더십은 단순한 정치적 기획이 아니라 하나님의 뜻을 깨달은 열정적인 헌신과 신앙적 각성에서 비롯된 행동이었다. 느헤미야는 기도했고 반대자들의 방해와 조롱 속에서도 물러서지 않았으며 공동체의 마음을 모아 무너진 도시와 신앙을 동시에 회복시킨 지도자였다.

우리나라는 1960년대 중반, 1인당 국민소득이 142달러[27]에 불과한 농업 중심의 빈곤국이었고 차량 수는 약 10만여 대에 그쳐 교통 인프라가 매우 열악한 상태였다. 서울에서 부산까지 가려면 버스로 하루 넘게 걸렸고 도로는 대부분 비포장 상태였다. 이 시기 박정희 대통령은 국토를 일으키고 산업화를 이루기 위해서는 국가 간선 도로망이 반드시 필요하다고 판단했다. 그래서 1967년, 서울에서 부산을 잇는 경부고속도로 건설 계획을 공식적으로 추진하게 되었다. 그러나 당시 전문가들과 언론은 "자동차도 별로 없는 나라에 고속도로가 웬말이냐. 고속도로는 자동차가 많은 나라에서나 필요한 사치품이다.", "그 예산이면 국민의 배부터 채워야 한다. 국민의 밥

---

27 1967년 기준

먹을 걱정부터 해결해야지 도로부터 닦을 때냐, 그 막대한 예산을 낭비하지 말고 복지나 농업에 써야 한다"며 거센 반대에 나섰다. 외국 원조기관들조차 한국의 자동차 보급 수준과 경제력으로는 고속도로 유지조차 불가능하다고 평가하며 자금 지원을 거절했다.

> "한국의 고속도로, 제철소, 국립기념물과 같은 대형 인프라 프로젝트는 개발도상국에서 가장 낮은 수익률을 보이는 투자이다."[28]
> 세계은행(World Bank) 총재 유진 블랙(Eugene R. Black),
> 『Korea: A Case of Government-Led Development』

하지만 박정희 대통령은 흔들리지 않았다. 그는 "도로 없이는 산업화도 없다. 서울에서 부산까지 하루 만에 물자를 실어 나를 수 있어야 한다"고 말하며 이 사업이 단지 교통 인프라가 아니라 대한민국 산업화의 동맥이자 국가 생존 전략임

---

28 World Bank Document, The Lessons of East Asia, Korea: A Case of Government-Led Development. https://documents1.worldbank.org/curated/en/441571468753249695/pdf/multi0page.pdf 10페이지 中

을 강조했다. 그의 판단은 감정적 결단이 아니라 대한민국의 미래에 대한 뚜렷한 인식과 사명에서 나온 열정적 실천이었다. 당시 박정희 대통령은 경부고속도로 공사기간 동안 때로는 헬리콥터를 타고 때로는 지프차를 타고 무려 8번이나 현장을 방문하여 매번 꼼꼼히 공정을 살피며 조언하는 열정을 보였다고 한다.

수많은 반대 속에서도 1968년 국내 자금을 중심으로 착공된 경부고속도로는 단 2년 5개월 만인 1970년에 완공되었다. 그리고 그것은 오늘날까지도 대한민국 경제의 중심축이자 산업화와 근대화의 상징이 되고 있다. 그 열정은 단지 국가 인프라를 만든 것이 아니라 공동체의 정신과 역사를 움직인 실천의 힘이었다.

의식의 열정은 개념 있는 행동의 완성이다. 앞서 '말의 확신'이 내면의 신념을 표현하는 첫걸음이었다면, '행동의 소신'은 그 신념을 실천하는 과정이며, '의식의 열정'은 그 실천을 지속 가능하게 만드는 에너지다. 열정 없는 행동은 기계적이고 의식 없는 열정은 방향을 잃는다. 그러나 정립된 개념과 분명한 기준 위에 세워진 열정은 삶을 변화시키고 공동체를 움직인다.

생각과 개념이 아무리 정리되어 있어도, 열정이 없다면 행동은 지속되지 못한다. 반대로, 열정이 있다면 그것이 동력이 되고 생각을 행동으로 끌어올리게 된다. 또한 열정은 그냥 주어지는 것이 아니라 자신의 사명, 곧 '왜 살아가는가'라는 존재 이유를 깊이 자각한 자, 자신이 해야할 일을 진정으로 아는 사람만이 품을 수 있는 것이다.

관련 영상보기
• 예루살렘을 향한 느헤미야의 기도

4장

삶의 가치

지금까지 우리는 사고하고, 개념을 정립하고, 말과 행동을 통해 실천하는 과정을 따라왔다. 그러나 이 모든 과정의 뿌리에는 '삶의 궁극적인 방향성과 이유', 즉 '어디에 가치를 둘 것인가? 나는 무엇을 위해 생각하고, 무엇을 위해 행동하는가? 그 끝에서 나는 어떤 삶을 꿈꾸는가?'라는 질문이 존재한다. 인간은 누구나 삶의 가치를 향해 살아간다. 우리는 단지 그냥 사는 것이 아니라 무엇이 가치 있는지를 판단하고, 그 가치를 추구하며 살아가는 존재이다.

사람이 무엇을 옳다고 여기거나 무엇이 참되다고 여기는 기준은 그 사람의 경험이나 배움, 신념, 관계 속에서 형성된 가치관에서 비롯된다. 마치 나침반이 북쪽을 가리키듯 인간은 자기가 중요하게 여기는 가치를 따라 삶의 방향을 설정하고 결정을 내리며 살아간다. 의식주가 해결된 이후 사람은 단순한 생존을 넘어서 자아실현과 사회적 기여, 정신적 성장, 영적 추구 등 더 높은 차원의 가치를 찾기 시작한다. 그러나 놀라운 것은 기본적인 생존조차 위협받는 상황에서도 더 높은 가치를 포기하지 않는 사람들이 있다는 것이다. 극심한 가난 속에서도 배움을 포기하지 않는 학생, 부패한 사회 구조 속에서도 정의를 외치는 활동가, 병과 고통 속에서도 감사와 평화를 놓지 않는 신앙 등 삶의 가치가 확고한 사람은, 외부의 조건보다 내면의 방향성에 따라 움직이는 사람이다.

삶의 가치를 따라 산다는 것은 단순히 어떤 이상을 품는 일이 아니다. 그것은 외부 조건과 상관없이 '무엇을 위해 살 것인가'를 분명히 인식하고 선택하는 삶의 태도다. 이러한 삶의 가치는 인간의 차원을 넘어 인자로 이 땅에 오신 예수 그리스도의 삶 속에서 가장 잘 드러난다.

예수님은 본래 하나님의 본체이셨고 하늘의 영광과 권세 가운데 계셨다. 그럼에도 불구하고 그는 그 모든 특권을 내려놓고 스스로 낮아져 인간의 몸을 입고 이 땅에 오셨다. 사도 바울은 빌립보서에서 이것을 다음과 같이 기록하였다.

> "그는 근본 하나님의 본체시나 하나님과 동등됨을 취할 것으로 여기지 아니하시고 오히려 자기를 비워 종의 형체를 가지사 사람들과 같이 되셨고 사람의 모양으로 나타나사 자기를 낮추시고 죽기까지 복종하셨으니 곧 십자가에 죽으심이라"
>
> 빌립보서 2:6~8

하늘의 보좌를 버리고 연약한 인간의 몸으로 오신 예수님의 선택은 영원한 생명을 주기 위한 구속 사역이라는 하나님 아버지의 뜻을 중심에 둔 것이었다. 예수님은 외적인 성공이나 명예를 좇지 않으셨고 사람들의 인정이나 권력을 추구하지 않으셨다. 오히려 고난과 수모, 죽음을 통해 사랑과 구원의 길을 여는 것을 자신의 삶의 가치로 삼으셨다. 예수님은 많은 사람의 대속물로 자기 생명을 내어주기 위해 오셨으며[29] 그 사명을 따라 모든 삶을 내어드리셨다. 이처럼 예수님의 십자가의 길은 단지 고난의 상징이 아니라 무엇이 진정으로 가치 있는 삶인가에 대한 하나님의 대답이다.

참된 가치는 높은 자리에 있는 것이 아니라 존재 이유를 가진 삶 속에 있다. 예수님의 생애는 그 자체로 가치 중심적 삶의 완성된 모범이며 그분을 따르는 우리는 그 가치를 오늘의 삶 속에서 다시 묻고 선택하며 실천해야 한다.

그리고 예수님의 제자들 또한 오순절 성령강림 이후, 삶의 가치를 완전히 전환하게 된다. 예수님의 부활을 목격하고 성령의 능력을 받은 이후 제자들은 더 이상 두려움에 숨어 있는 사람들이 아니었다. 그들은 복음의 진리를 삶의 최우선 가치로 인식하고 그 가치를 위해 목숨까지도 아끼지 않게 된다.

사도행전은 그 변화의 첫 장면을 이렇게 증언하고 있다.

---

[29] 마가복음 10:45

> "그들이 다 성령의 충만함을 받고 성령이 말하게 하심을 따라 다른 언어들로 말하기를 시작하니라 … 그레데인과 아라비아인들이라 우리가 다 우리의 각 언어로 하나님의 큰 일을 말함을 듣는도다 하고"
>
> 사도행전 2:4, 11

그리고 베드로는 수많은 유대인들 앞에서 담대히 복음을 선포하며 말한다

> "우리는 보고 들은 것을 말하지 아니할 수 없다 하니" 사도행전 4:20

이들은 복음을 전하다 매를 맞고 감옥에 갇히고, 심지어는 돌에 맞아 죽고, 십자가에 거꾸로 달리며, 칼과 톱에 쓰러지면서도 결코 자신이 선택한 가치를 포기하지 않았다.

베드로, 요한, 야고보, 바울, 스데반 등 그들의 이름은 각각 다르지만 그들의 삶의 방향은 복음을 위한 헌신 단 하나였다. 그들에게 있어 삶은 더 이상 자기 생명을 지키는 일이 아니라 자신이 믿는 바를 세상에 전하고 그로 인해 하나님 나라가 확장되는 것을 보는 것이었다.

초대교회의 지도자 폴리갑(Polycarp, 69~155) 또한 그 삶의 가치를 순교로 증명한 인물이다. 그는 사도 요한의 제자였으며 요한계시록에 기록된 일곱 교회 중 박해받는 교회로 언급된 서머나 교회의 감독으로 사역했다.

당시 로마 제국은 황제 숭배를 강요하고 그리스도인을 체제에 대한 위협으로 간주하며 박해했다. 86세의 고령이던 폴리갑도 체포되어 황제에게 절하고 예수를 부인하라는 명령을 받았지만, 그는 다음과 같이 담대하게 대답했다.

"나는 86년 동안 그분을 섬겼고, 그분은 한 번도 나를 버리지 않으셨다. 내가 어찌 나의 왕을 모독할 수 있겠는가?"[30]

폴리갑, AD 155년경, 소아시아 서머나 원형 경기장, 순교 전

그는 신앙을 버리면 살려주겠다는 회유에도 굴하지 않았고 결국 화형 선고를 받았다. 전해지는 기록에 따르면 불길이

---

[30] 《폴리갑의 순교(Martyrdom of Polycarp)》: 2세기 스미르나(현 터키 이즈미르) 주교 폴리갑의 순교를 다룬 초기 기독교 서신. 폴리갑이 화형으로 죽음을 당한 과정을 상세히 기록하고 있음. (출처: 위키디피아)

그의 몸을 태우지 않자 병사가 그를 창으로 찔러 순교하게 되었다고 한다.

폴리갑은 단순한 종교적 열정으로 죽은 것이 아니었다. 그는 예수 그리스도에 대한 충성과 복음을 위한 헌신을 목숨보다도 더 가치 있게 여겼다. 그에게 '삶의 가치'란 세상에서의 생존이나 평안이 아니라 하나님 앞에서의 신실함과 진리를 향한 충직함이었다. 그는 요한계시록 2장 10절에 서머나 교회에게 하신 말씀, "너는 장차 받을 고난을 두려워하지 말라 볼지어다 마귀가 장차 너희 가운데에서 몇 사람을 옥에 던져 시험을 받게 하리니 너희가 십 일 동안 환난을 받으리라 네가 죽도록 충성하라 그리하면 내가 생명의 관을 네게 주리라"는 주의 약속을 믿었고 그 믿음 안에서 영광스럽게 죽었다.

폴리갑의 삶과 죽음은 우리에게 도전을 준다. "당신은 무엇을 위해 살고, 무엇을 위해 죽을 수 있는가?" 이 질문 앞에서 진정한 삶의 가치는 단지 생각으로 끝나는 개념이 아니라 죽음까지도 감당할 수 있는 신앙의 무게임을 깨닫게 된다.

이러한 삶의 가치에 대한 헌신과 희생의 정신은 우리 역사 속에서도 수없이 볼 수 있다. '조국'이라는 가치를 가장 우선에 두고 자신의 안위와 생명을 넘어서 헌신한 이들이 있었기에 지금의 우리가 있는 것이다. 근현대사만 보더라도 대한민국의 건국을 이끈 이승만 대통령은 자유민주주의라는 가치 위에 국가를 세우기 위해 숱한 외교적 실패와 정치적 고립, 그리고 내외부의 비판 속에서도 조국의 독립과 주권 수호를 최우선으로 선택했다. 박정희 대통령은 경제 개발이라는 시대적 소명을 깨닫고 수많은 반대와 불신 속에서도 경부고속도로, 수출 산업화, 새마을운동 등을 밀어붙이며 대한민국을 가난에서 벗어나게 한 헌신의 지도자였다. 그들은 모두 조국이라는 더 큰 가치를 위해 개인적 명예나 안전보다 나라의 미래를 선택한 사람들이다.

그리고 이들처럼 이름이 역사에 남은 사람들만 있는 것이 아니다. 전쟁의 참호 속에서 조국을 지킨 무명의 군인과 학도병들, 독립운동 자금을 모아 전해주던 시장통의 어머니, IMF 시절 금반지를 벗어던진 평범한 시민 등 이름 없이 빛도 없이, 그러나 가장 숭고한 가치인 조국을 위한 삶을 선택한 수많은 이들이 있었기에 지금 우리가 누리는 자유와 번영의 대한민국이 존재하는 것이다.

그들에게 있어 삶은 더 이상 자기 생명을 지키는 일이 아니라 자신이 믿는 바를 세상에 전하고 그로 인해 자신이 가치로 삼은 것이 흥하고 확장되는 것을 보는 것이었다.

그러나 삶의 가치를 오직 자기 자신의 유익이나 특정 이념에만 두었던 인물들도 역사에 존재한다. 그들의 선택은 종종 개인뿐 아니라 사회 전체에 파괴적인 결과를 가져왔다.

요제프 괴벨스(Joseph Goebbels)는 나치 독일의 선전장관으로서 히틀러의 이념에 대한 맹목적 충성을 삶의 가치로 삼았던 인물이다. 괴벨스는 오직 독일 민족주의와 히틀러의 유토피아적 세계관을 실현하는 것이 최선의 가치라 믿었고, 대중 조작과 거짓 선전을 통해 전체주의적 체제를 강화했다. 그는 "대중은 단순하고 반복적인 메시지에 쉽게 넘어간다"고 했는데, 이는 그가 가치를 어디에 두고 있었는지를 적나라하게 보여준다. 괴벨스는 자유, 인간 존엄, 진실 같은 보편적 가치를 철저히 무시하고 권력과 이념적 성공을 삶의 중심 가치로 선택했다. 결국, 그는 히틀러의 자살 직후에 자신도 아내와 함께 어린 자녀들을 독살한 뒤 자살했다. 그 죽음은 삶의 잘못된 가치관이 만들어낸 가장 어두운 결말 중 하나로 기록되고 있다.

또 다른 예로, 북한의 김일성과 김정일, 그리고 김정은 체제 역시 '주체사상'이라는 왜곡된 가치관을 국가 이념으로 삼고 오직 체제 유지와 개인 숭배를 위해 수백만 인민의 생명과 자유를 희생시켰고 지금도 희생시키고 있다. 그들에게 있어 삶의 가치는 '국민의 유익'이 아니라 '권력의 영속'에 있다. 삶의 가치를 개인적 욕망이나 이념, 권력에 두면 그것은 곧 폭력과 억압, 자기중심적인 결과로 나타난다. 그 결과는 일시적으로는 권위와 힘으로 포장될 수 있지만 결국 역사의 심판 앞에서는 부끄럽고 허무한 선택으로 남게 된다.

아이러니하게도 북한의 주체사상을 이론적으로 정립한 장본인인 황장엽조차 결국 그 체제의 본질을 깨닫고 탈북했다. 그는 한때 김일성의 측근으로서 북한의 이념을 설계한 핵심 인물이었지만 현실 속에서 그 사상이 전체주의적 억압의 도구로 변질된 것을 목격하고 인간의 존엄과 자유가 짓밟히는 상황을 더는 외면할 수 없어 대한민국으로 망명했다.

삶의 가치는 반드시 자기 자신을 넘어서야 한다. 진정한 가치는 타인과 공동체, 그리고 창조주께서 개개인에게 주신 사명을 향할 때, 비로소 참되고 영원한 열매를 맺는다.

삶은 매 순간 선택의 연속이다. 그리고 그 선택은 결국, 내가 중요하게 여기는 가치를 반영하게 된다. 사고의 방향이나 개념의 정립, 그리고 말과 행동의 결정은 모두 삶의 가치관 위에 서 있다. 그리고 삶의 가치가 분명한 사람은 세상의 소리에 흔들리지 않으며 자신의 선택에 책임을 지고 더 큰 선을 위해 자신을 내어줄 수 있다.

관련 영상보기

• 신앙의 정도! 폴리갑의 순교

Chapter 4

개념있는 그리스도인

그리스도인은 단순히 교회를 다니고 종교적 활동을 하는 사람을 의미하지 않는다. 그리스도인은 하나님의 말씀을 삶의 중심에 두고, 그 말씀을 기준으로 사고하고 판단하며 살아가는 사람이다. 신앙은 단순한 감정이나 신기한 영적인 현상이 아니라 삶을 이끄는 분명한 개념을 품고 실천하는 힘이다.

그러나 오늘날 그리스도인들은 '믿는다'고 말하면서도 정작 무엇을 믿는지, 왜 믿는지, 그 믿음이 삶에서 어떻게 작동하는지를 명확히 설명하지 못한다. 신앙은 말에 그치고, 개념은 모호하고 명확하지 않다. 그 결과, 세상 속에서 신앙인의 정체성과 영향력은 약화되고 있다.

하나님은 우리가 믿음을 중심으로 생각하고 살아가기를 원하신다. Chapter 4에서는 개념 있는 그리스도인이란 누구이며, 그 삶이 개인과 공동체, 사회에 어떤 영향을 주는지, 그리고 그러한 삶을 지속적으로 이어가기 위해 필요한 태도는 무엇인지 네 부분으로 나누어 살펴보고자 한다.

1장	마음의 중심에서 작동되는 기준
2장	개념 있는 그리스도인의 삶이 개인과 공동체, 사회에 미치는 영향
3장	지속적인 사고와 실천을 위한 제언
4장	사고하지 않으면 누군가에게 지배받는다

●

하나님의 말씀은 단순한 소리가 아니라,
마음 깊은 곳에 품어야 할 기준이다.
그것이 중심에 놓일 때,
하나님의 사람으로 다시 일어설 수 있다.
기준은 중심에서 작동된다.
그리고 중심은 결국,
인생의 방향을 결정짓는다.

4장

마음의 중심에서
작동되는 기준

　사람은 마음의 중심에 무엇을 두느냐에 따라, 삶의 모든 판단과 행동의 기준이 달라진다. 중심에 둔 것이 곧 그 사람의 '기준'으로 작동하는 것이다. 마치 오뚝이의 아래쪽에 무게 중심이 있기 때문에 아무리 넘어뜨리려 해도 다시 중심을 따라 일어서는 것처럼 하나님의 사람도 마찬가지다. 삶의 상황과 환경에 의해 일시적으로 흔들릴 수 있지만, 결국 그 마음 깊이 중심에 둔 믿음에 따라 다시 제자리를 찾게 된다.

　인간은 의식적으로든 무의식적으로든 자신이 가진 기준에

의해 사물을 보고, 소리를 듣고, 상황을 판단하며, 행동하게 되어 있다. 그렇기에 우리는 삶의 현장에서 드러나는 우리의 말과 행동을 통해 스스로 무엇을 중심에 두고 살아가고 있는지를 끊임없이 점검해야 한다.

성경을 보면, 구약의 선지자들은 하나님의 부르심을 받을 때마다 "말씀이 임하니라"는 표현으로 그들의 사명이 시작되었음을 알려준다.

"여호와의 말씀이 내게 임하니라 이르시되" 예레미야 1:4

"여호와의 말씀이 아밋대의 아들 요나에게 임하니라 이르시되" 요나서 1:1

"여호와의 말씀이 선지자 학개에게 임하여 이르시되" 학개 1:3

"여호와의 말씀이 잇도의 손자 베레갸의 아들 선지자 스가랴에게 임하니라 이르시되" 스가랴 1:1

그들은 하나님의 말씀을 마음의 중심에 두고, 그 말씀을 기준으로 보고, 듣고, 생각하며 행동했다. 이로 인해 그들은 하나님의 뜻을 세상에 전하는 도구가 되었고 말씀을 중심으로 살아가는 삶의 모범을 보여주었다.

그러나 하나님의 사람이라 할지라도 모두가 처음부터 그 중심이 바른 것은 아니다. 모세는 처음에는 잘못된 판단을 중심에 품고 있었다. 애굽에서 자신의 힘으로 이스라엘 백성들을 구원하려 했지만 거절당하고 실패를 겪은 뒤, 미디안 광야에서 '하나님이 이스라엘을 버리신 것'이라 생각하며 이스라엘 백성의 구원을 실제로는 포기한 채 살아가고 있었다. 그의 중심에 들어선 판단은 "이 일은 끝났다"는 낙심이었고, 그로 인해 자신도, 이스라엘도 하나님께 쓰임받을 수 없다고 여겼다. 그러나 하나님은 시내산에서 모세를 부르셔서 그의 중심에 있는 잘못된 판단을 교정하셨다.

"또 이르시되 나는 네 조상의 하나님이니 아브라함의 하나님, 이삭의 하나님, 야곱의 하나님이니라 모세가 하나님 뵈옵기를 두려워하여 얼굴을 가리매 여호와께서 이르시되 내가 애굽에 있는 내 백성의 고통을 분명히 보고 그들이 그들의 감독자로 말미암아 부르짖음을 듣고 그 근심을 알고 내가 내려가서 그들을 애굽인의 손에서 건져내고 그들을 그 땅에서 인도하여 아름답고 광대한 땅, 젖과 꿀이 흐르는 땅 곧 가나안 족속, 헷 족속, 아모리 족속, 브리스 족속, 히위 족속, 여부스 족속의 지방에 데려가려 하노라 이제 가라 이스라엘 자손의 부르짖음이 내게 달하고 애굽 사람이 그들을 괴롭히는 학대도 내가 보았으니 이제 내가 너를 바로에게 보내어 너에게 내 백성 이스라엘 자손을 애굽에서 인도하여 내게 하리라" 출애굽기 3:6~10

하나님께서는 이 말씀으로 모세에게 이스라엘에 대한 뜻과 계획을 다시 분명하게 알려주셨다. 모세에게 단지 임무를 주신 것이 아니라 그 임무를 감당할 수 있도록 그의 내면을 새롭게 하신 것이다. 이것은 모세의 마음 중심에 올바른 하나님의 판단과 이해가 있어야지만 모든 일을 바른 기준으로 생각하고 이스라엘 백성들을 인도할 수 있었기 때문이다. 잘못된 인식이 중심에 자리 잡으면 그 기준도 왜곡된다. 그래서 하나님은 그의 마음 깊은 곳 중심에 자리잡은 왜곡된 인식을 먼저 바꾸신 것이다.

이러한 중심의 전환은 미국의 제16대 대통령 아브라함 링컨의 삶에서도 나타난다. 링컨은 종교적으로 열정적인 침례교 가정에서 자랐지만 젊은 시절에는 회의주의적인 태도를 보였다. 그는 종교 부흥 운동을 조롱하기도 했으며 토마스 페인의 『이성의 시대(The Age of Reason)』와 같은 이성주의적 서적을 읽고 영향을 받았다. 이러한 영향으로 그는 기독교 신앙에 대한 비판적인 견해를 담은 소책자를 작성했으나 정치적 경력에 부정적인 영향을 줄 것을 우려한 친구들에 의해 그 원고는 폐기되었다고 전해진다.

이러한 회의주의적 경향은 그의 정치 활동 초기에도 나타났다. 1846년 하원 선거에 출마했을 때, 그의 종교적 신념에 대한 의문이 제기되자 그는 성경의 진리를 부정한 적이 없다고 해명하는 전단지를 배포했다. 그러나 그는 특정 교단에 가입하지 않았으며 기독교 신앙을 공개적으로 고백하지도 않았다.

링컨의 신앙은 생애 후반에 변화를 겪었는데, 특히 아들 윌리의 죽음과 남북전쟁이라는 국가적 위기를 겪으면서 자신의 판단과 이념이 아닌, 하나님의 섭리와 정의에 대한 신앙으로 중심이 옮겨지게 되었다. 그는 단순히 전쟁을 이기기 위한 수단으로 신앙을 도구화한 것이 아니라 국가의 운명을 인간의 판단이 아닌 하나님의 기준에 맡기겠다는 중심의 전환을 실천에 옮겼다. 이러한 중심의 변화는 그의 정치 결정에도 그대로 반영되었다. 노예해방선언은 단지 정치적 선택이 아니라 "모든 사람은 하나님 앞에서 평등하다"는 성경의 원리를 기준으로 한 도덕적 결단이었다. 그는 하나님께서 옳다 하시는 쪽에 서겠다고 수차례 고백하며 자신의 뜻이 아니라 하나님의 뜻이 이 나라에 이루어지기를 바란다고 선언했다.

"이 나라는 하나님 아래에서 자유의 새 탄생을 맞이할 것입니다."
"that this nation, under God, shall have a new birth of freedom"

아브라함 링컨, 게티즈버그 연설(Gettysburg Address), 1863년 11월 19일

링컨은 중심이 바뀌었기에 비극 속에서도 분열이 아닌 통합의 방향으로 나아갈 수 있었고, 권력의 정점에서도 교만이 아니라 겸손과 경건으로 국가를 섬겼다. 중심이 바르니 기준

도 바르고 기준이 바르니 행동도 역사에 길이 남는 결실을 맺은 것이다.

한편, 중심이 하나님의 말씀이 아닌 다른 것으로 대체될 때, 그 사람의 기준도 변질되는 것을 구약 민수기에 등장하는 발람을 통하여 볼 수 있다. 이스라엘 백성들이 광야를 지나며 아모리 왕 시혼과 바산 왕 옥과의 전투에서 큰 승리를 거두자 주변 민족들은 이스라엘 민족들을 두려워하게 되었다. 그리고 큰 공포를 느낀 모압 왕 발락은 발람을 통해 이스라엘 백성을 저주하려 했지만 하나님께서는 발람에게 분명히 경고하셨다.

"하나님이 발람에게 이르시되 너는 그들과 함께 가지도 말고 그 백성을 저주하지도 말라 그들은 복을 받은 자들이니라"

민수기 22:12

발람은 처음에는 이 말씀을 중심에 두고, 발락이 보낸 사절단의 제안을 거절하였다.

"발람이 아침에 일어나서 발락의 귀족들에게 이르되 너희는 너희의 땅으로 돌아가라 여호와께서 내가 너희와 함께 가기를 허락하지 아니하시느니라" 민수기 22:13

    그러나 이후 발락이 다시 더 높은 고관들을 보내어 재차 회유하자 발람의 마음에는 욕심과 탐심이 자리 잡게 되었고 그 욕심을 마음의 중심에 두자 그는 다시 하나님의 뜻을 묻는다는 명분으로 재차 응답을 구했다. 그러나 실상은 이미 마음속 중심이 하나님의 말씀에서 벗어나 있었다.

    발람은 욕심으로 인해 하나님의 분명한 경고의 말씀에도 불구하고 발락의 사람들과 함께 가는 길을 택했다. 그 결과 하나님은 진노하셨고 칼을 든 여호와의 사자가 길을 막아섰다. 그때조차 발람은 눈이 어두워져 하나님의 사자의 존재를 보지 못했다. 오히려 자신을 태운 나귀가 세 번이나 길을 피하려 하자 분노하여 나귀를 때렸다. 이때 하나님께서 나귀의 입을 열어 말하게 하셨지만, 발람은 그 나귀의 말조차 제대로 분별하지 못했다.

"나귀가 여호와의 사자를 보고 발람 밑에 엎드리니 발람이 노하여 자기 지팡이로 나귀를 때리는지라…….. 나귀가 발람에게 이르되 나는 당신이 오늘까지 당신의 일생 동안 탄 나귀가 아니냐 내가 언제 당신에게 이같이 하는 버릇이 있었더냐 그가 말하되 없었느니라……. 여호와의 사자가 그에게 이르되 너는 어찌하여 네 나귀를 이같이 세 번 때렸느냐 보라 내 앞에서 네 길이 사악하므로 내가 너를 막으려고 나왔더니 나귀가 나를 보고 이같이 세 번을 돌이켜 내 앞에서 피하였느니라 나귀가 만일 돌이켜 나를 피하지 아니하였더면 내가 벌써 너를 죽이고 나귀는 살렸으리라" 민수기 22:27, 30, 32, 33

우리는 발람을 통해서 욕심은 사람의 영적 감각을 마비시키고, 하나님의 경고조차 인식하지 못하게 만든다는 사실을 알 수 있다.

결국, 발람은 이스라엘을 직접적으로 저주하지는 않았지만, 발락에게 간접적으로 꾀를 주었다. 성경은 발람이 이스라엘이 미디안 여자들과 음행하고 바알브올을 섬기도록 유도하는 계략을 제공했다고 분명히 밝힌다.

"보라 이들이 발람의 꾀를 따라 이스라엘 자손을 브올의 사건에서 여호와 앞에 범죄하게 하여 여호와의 회중 가운데에 염병이 일어나게 하였느니라" 민수기 31:16

이로 인해 이스라엘은 하나님의 진노를 사게 되었고 염병으로 2만 4천 명이 죽는 참극을 겪었다. 발람의 중심이 처음에는 하나님의 말씀에 있었지만 결국 탐심과 욕심으로 바뀌자 그는 하나님의 도구가 아니라 하나님의 심판을 불러오는 자로 전락하고 만 것이다.

사람은 마음의 중심에 무엇을 두느냐에 따라 삶의 기준이 결정되며 그 기준은 결국 삶 전체를 이끌어간다. 하나님의 말씀을 중심에 둔 사람은 흔들림 속에서도 바른 길을 회복할 수 있지만 욕심이나 세상의 가치가 중심이 되면 그 사람은 방향을 잃고 결국 무너지고 만다. 또한 아무리 의로운 마음을 가졌다 해도 잘못된 판단이 삶의 기준이 되어버릴 수밖에 없다.

사람은 누구나 흔들리고 누구나 시험을 만난다. 그리고 흔들리고 시험을 만날 때 그가 자신의 마음 속 중심에 무엇을 두고 있는지가 드러난다. 하나님의 말씀을 중심에 둔 사람은 시험 가운데서도 분별력을 잃지 않으며 말씀을 기준 삼아 바른 길을 찾아간다. 반면, 욕심과 세상의 가치를 중심에 둔 사람은 외형적으로는 신앙인인 것 같지만 결정적인 순간에 자기 욕망을 하나님의 뜻보다 앞세우고 만다.

하나님의 말씀은 단순한 소리가 아니라 마음 깊은 곳에 품어야 할 기준이다. 그것이 중심에 놓일 때, 우리는 오뚝이처럼 흔들릴지라도 하나님의 사람으로 다시 일어설 수 있다. 기준은 중심에서 작동된다. 그리고 중심은 결국, 인생의 방향을 결정짓는다.

2장

개념있는 그리스도인의 삶이 개인과 공동체, 사회에 미치는 영향

인간은 결코 혼자 살아가지 않는다. 한 사람의 생각과 가치관은 그의 말과 행동을 통해 드러나고, 그 영향력은 가정과 공동체, 더 나아가 사회에까지 미치게 된다. 특히 그리스도인은 개인적 신앙을 넘어 하나님의 뜻을 삶에서 실현하도록 부름받았다. 개념 있는 그리스도인이란 하나님의 말씀으로 올바른 기준과 개념을 정립하며 그것을 구체적인 말과 행동으로 실천하는 사람이다. 이런 신앙인의 삶은 개인적인 성숙에 그치지 않고 공동체와 사회를 변화시키는 힘으로 확장된다.

독일의 마틴 루터는 16세기 유럽의 암흑과 같은 시대에 가톨릭 교회의 부패와 타락, 면죄부 판매와 같은 신앙의 상업화에 맞서 1517년 10월 31일, 비텐베르크 성당의 문에 95개조 반박문을 게시하며 종교개혁의 불을 지폈다. 그는 단순히 교리상의 문제 제기가 아니라 인간이 하나님 앞에 어떻게 서야 하는지를 고민한 끝에 "오직 믿음으로(Sola Fide)", "오직 은혜로(Sola Gratia)", "오직 성경으로(Sola Scriptura)"라는 신학적 개념을 세웠다. 루터의 신앙적 개념은 단순히 개인의 구원을 넘어 교회의 권위와 구조, 나아가 사회와 국가, 문화의 변혁으로 확장되었다.

루터의 개혁은 성직자와 평신도의 구분을 허물었고 모든 신자는 하나님 앞에 평등하다는 인식을 유럽 사회에 확산시켰다. 그 결과 평신도 교육과 문해력이 촉진되었고 성경이 독일어로 번역되며 일반 대중이 직접 말씀을 읽고 해석할 수 있는 시대가 열렸다. 교육과 인쇄술, 언론, 법 체계, 정치적 권리 의식에 이르기까지, 종교개혁은 유럽 사회의 뿌리를 흔드는 전방위적 개혁 운동으로 발전했다. 루터는 교황과 제국의 권위에 맞서 자신의 신앙적 개념을 끝까지 고수하며 다음과 같이 말했다.

> "내 양심은 하나님의 말씀에 사로잡혀 있습니다. 나는 다르게 할 수 없습니다. 하나님이여, 나를 도우소서."
>
> 마틴 루터, 1521년 4월 18일, 보름스의회 (Diet of Worms)[31]에서

그의 삶은 진리 앞에서 한 개인이 얼마나 확신과 용기를 가지고 설 수 있는지를 보여주며, 오늘날까지 그리스도인의 신앙적 양심의 본보기로 남아 있다.

디트리히 본회퍼(Dietrich Bonhoeffer, 1906~1945) 역시 신앙의 양심을 지키기 위해 독일 나치 정권의 억압에 맞서 싸운 신학자였다. 1930~40년대 독일은 히틀러의 독재와 유대인 학살,

---

[31] 보름스 의회(Diet of Worms, Reichstag zu Worms) 또는 보름스 제국의회는 1521년 3월 신성로마제국 황제 카를 5세가 보름스에서 제국의회를 소집하고 종교 개혁가 마르틴 루터를 소환해 루터의 견해를 심의한 사건을 말한다. 회의록인 『Acta Wormatiensia』에는 루터의 주장과 이에 대한 황제 및 교회의 반응이 상세히 기록되어 있다. 이를 통해 당시 루터의 개혁 사상을 심문하고 제재하려는 의도가 있었음을 확인할 수 있다. (출처: 위키백과)

반인륜적 범죄가 공공연하게 자행되던 시대였다. 이 시기 다수의 독일 교회는 국가주의와 민족주의에 동화되었고 히틀러를 하나님의 섭리로까지 받아들이며 침묵하거나 협력했다. 그러나 본회퍼는 이런 현실 속에서 신앙의 본질은 하나님 앞에서의 책임과 정의 실현에 있다고 확신했다. 그는 다음과 같이 말하며 악의 체제를 방관하지 않고 저항해야 할 신앙적 책임을 강조했다.

"미치광이가 운전대를 잡았다면, 그저 사고 뒤에 시체를 치워주는 것이 아니라, 운전대를 빼앗아야 한다."

본회퍼, 『공동생활(Life Together, 원제: Gemeinsames Leben)』

본회퍼는 나치 정권에 저항하는 "고백교회(Confessing Church)" 운동을 이끌었고 지하 신학교를 설립해 목회자를 양성했으며 히틀러 제거를 위한 레지스탕스 활동에도 참여했다. 그는 『나를 따르라』와 『윤리학』 같은 저서에서 참된 제자도와 윤리적 책임, 희생의 신앙을 강조했다. 결국 그는 히틀러 암살 시도에 연루되어 투옥되어 1945년 처형되었지만, 그의 신앙적 개념과 실천은 오늘날까지 독일의 양심과 저항의 상징으로 기억된다. 그의 삶은 내적 경건에 머물지 않고 역사적 현실 속에서 정의로 구체화된 신앙의 모범이자 신앙인의 공적 책임을 보여주는 강력한 사례다.

이러한 신앙적 개념은 미국 독립선언문에도 나타나는데 1776년 발표된 독립선언문은 다음과 같이 선언하고 있다.

> "우리는 다음의 진리를 자명하다고 믿는다. 모든 인간은 평등하게 창조되었으며, 창조주로부터 생명, 자유, 그리고 행복 추구의 권리를 포함한 양도할 수 없는 권리를 부여받았다."
>
> "We hold these truths to be self-evident, that all men are created equal, that they are endowed by their Creator with certain unalienable Rights, that among these are Life, Liberty and the pursuit of Happiness."
>
> 미국 독립선언문(Declaration of Independence), 1776년 7월 4일, 토머스 제퍼슨 작성

여기서 "창조주"라는 표현은 성경의 하나님을 가리키며 인간의 존엄성과 권리의 근원이 하나님께 있다는 신앙적 인식을 드러낸다. 미국 독립운동은 단순한 정치적 혁명이 아니라 하나님의 공의와 질서를 사회 속에 실현하려는 신앙적 소명이었다.

당시 독립선언문을 작성하고 서명한 지도자들 중 상당수는 경건한 그리스도인이었다. 그들은 인간이 하나님의 형상으로 창조되었다는 성경의 가르침을 신념으로 삼았고, 그 신념이 정치적 자유와 인권, 법치주의를 세우는 토대가 되었다. 존 애덤스, 벤저민 프랭클린, 토머스 제퍼슨 등은 기독교 신앙과 계몽주의적 사상을 절충하며 신앙적 가치와 시민적 권리가 결합된 자유의 체계를 세웠다. 이 선언은 이후 전 세계의 독립운동과 인권운동의 이념적 기초가 되었으며 오늘날까지 자유와 평등, 인권의 상징으로 전해진다. 미국 독립선언문은 신앙의 개념이 개인의 신앙에 머물지 않고 사회 구조와 국가 건설의 이념으로 발전한 역사적 증거다.

한국의 역사에서도 1919년 3·1운동 당시 발표된 대한민국 독립선언문에는 민족의 자결과 정의, 인권 존중의 메시지가 담겨 있었다. 독립선언문에 서명한 민족대표 33인 중 16인이 그리스도인이었다는 사실은 기독교가 당대 독립운동의 정신적, 사상적 중심 역할을 했음을 보여준다. 길선주, 이갑성, 오화영, 신석구와 같은 기독교 지도자들은 성경의 진리와 하나님 나라의 정의를 믿으며 일제의 폭압에 맞서 하나님 앞에서의 인간의 자유와 존엄, 정의로운 질서의 회복을 외쳤다.

그들은 단순히 교회의 부흥이나 신자의 구원을 추구하는 것에 머무르지 않고 신앙의 개념을 민족 해방과 정의 실현의 이념으로 확장했다. 당시 교회는 독립운동의 거점이자 교육과 의식 개혁의 중심이었다. 기독교 학교, YMCA, 신학교, 출판사, 언론사 등은 민족의 자각과 개혁 운동의 산실이 되었다. 3·1운동 당시 전국의 교회는 만세운동의 조직과 전파, 정보 전달의 핵심망 역할을 했다. 기독교 신앙은 민족의 자유와 정의, 인권을 위한 영적·윤리적 동력으로 작동하며, 오늘날 대한민국의 민주주의와 인권의 뿌리 중 하나로 평가받는다.

이처럼 마틴 루터와 디트리히 본회퍼, 미국 독립선언문을 작성한 위원회 구성원들 그리고 일제 강점기 한국의 기독교 민족대표들은 개념 있는 그리스도인이 자신의 신앙적 기준과 개념을 분명히 정립하고 실천했을 때, 개인과 공동체, 사회에 변화를 일으킨다는 사실을 증명한다. 개념 있는 신앙은 개인에게 삶의 방향성과 일관성을 제공하며 혼돈과 상대주의 속에서도 무엇을 기준 삼아야 하는지, 어떤 가치에 헌신해야 하는지를 분명히 한다. 이것은 내적 평안과 자유를 누리는 성숙한 삶으로 이어진다. 공동체적으로는 진리 안에서 서로를 세우고 정의롭고 사랑이 넘치는 관계를 만드는 힘이 된다. 그리스도인은 하나님의 공의를 사회 구조 속에 실현해야 하는 부르심을 받았으며 자신의 소명 안에서 세상의 빛과 소금으로서 공적 책임을 감당해야 한다.

오늘날에도 우리는 아무 생각이나 쫓아 사는 것이 아니라, 일상적인 언어들의 개념을 성경적으로 명확히 정립하고 실천해야 한다. 개념 없는 신앙은 세속화되고, 세속화된 신앙인은 신앙인으로서 역할을 할 수 없기에 사회의 방향을 잃게 만든다. 그러나 개념 있는 신앙은 삶의 모든 영역에서 하나님 나라의 가치를 드러내며 세상에 변화를 가져온다. 마틴 루터, 본회퍼, 미국의 독립선언문을 작성한 위원회, 한국의 기독교 민족대표가 보여준 개념적 신앙과 실천의 유산 위에 우리가 서 있다. 개념 있는 그리스도인의 삶은 역사 속 그들처럼 오늘, 그리고 내일의 세상을 바꾸어갈 것이다.

3장

지속적인 사고와 실천을 위한 제언

개념 있는 그리스도인의 삶은 한순간의 결단이나 일회적 실천으로 완성되지 않는다. 그것은 지속적인 사고와 점검, 그리고 일관된 실천의 반복을 통해 유지되고 성장하는 과정이다. 신앙의 본질은 머리로 이해하고 아는 지식에 머무는 것이 아니라 마음과 삶 전체로 살아내는 데 있다. 이는 마치 씨앗이 싹을 틔우고 열매를 맺기까지 지속적인 물과 햇빛과 돌봄이 필요한 것과 같다. 앞서 디트리히 본회퍼와 마틴 루터, 미국 독립선언문의 위원회 구성원들, 그리고 한국의 기독교 민족대표들의 삶은 모두 그들이 정립한 신앙적 개념을 역사적 현실 속에서 끊임없이 고민하고 적용한 흔적을 남긴 것이었다. 그들은 시대와 상황이 변해도 흔들리지 않는 기준을 세우고 그것을 각자의 삶 속에서 실천했다. 오늘의 그리스도인도 이와 같은 지속적인 사고와 실천의 삶으로 부름받고 있다. 그렇다면 우리는 어떻게 이 길을 걸어갈 수 있을까?

첫째, 성령의 도우심을 구하는 기도는 개념 있는 그리스도인의 삶에서 필수적이다. 우리의 사고와 실천이 올바른 길로 나아가도록 인도하시는 분은 성령님이시다. 아무리 깊이 생각하고 많은 지식을 쌓아도 성령의 조명과 인도하심 없이는 참된 분별과 실천의 용기를 얻을 수 없다. 성령님은 말씀을 깨닫게 하시고 말씀을 삶의 기준으로 삼게 하시며 말씀을 실천할 힘과 담대함을 주신다. 베드로는 성령의 충만함을 받아 주님을 부인했던 과거와는 달리 담대히 복음을 전할 수 있게 되었고 그의 설교는 수천 명을 회개로 이끌었다. 오늘날도 우리는 성령의 도우심을 구해야 한다. 기도는 단순한 의식이 아니라 하나님과의 살아 있는 대화이며 우리의 사고와 실천을 하나님의 뜻에 맞추는 통로이다. 성령의 인도하심은 우리의 연약함을 채우고 세상의 유혹과 혼란 속에서 올바른 길을 걷게 한다. 그러므로 우리는 매일의 삶에서 "성령님, 저의 생각과 행동을 인도하여 주시옵소서"라고 기도하며 말씀과 성령의 조명 안에 머물고자 해야 한다.

둘째, 사고(思考)는 사는 날 동안 끊임없이 이어지는 과정의 연속이어야 한다. 사고가 멈추는 순간, 우리는 기존의 사고의 틀에 갇히거나 과거에 얻은 지식에 매몰되어 더 이상 성장하지 못한다. 변화하는 현실, 복잡한 시대 앞에서 멈춘 사고는 결국 삶 전체의 정체로 이어진다. 끊임없이 사고해야만 어떤 상황 속에서도 유연한 사고의 자세가 유지된다.

마치 바다가 오염된 물이 흘러들어와도 거대한 순환과 흐름을 통해 스스로를 정화하듯, 우리의 사고도 왜곡된 정보나 감정적인 충동, 혼란스러운 환경 속에 있더라도 끊임없는 점검과 깊은 생각을 통해 방향을 바로잡고 다시 살아 있는 사고로 되돌아갈 수 있어야 한다.

그러나 사고는 본능처럼 저절로 굴러가지 않는다. 사고는 훈련이자 실천이며 익숙한 틀을 깨뜨릴 용기를 요구하는 행위이다. 사고하는 삶은 피곤하고 때로는 불편하다. 하지만 바로 그 길이 진정한 자유와 진리를 향한 길이다.

이는 신앙의 영역에서도 마찬가지다. 하나님과의 교제가 지속되는 신앙인은 끊임없이 말씀을 묵상하고 자신의 삶을 점검하며 시대를 분별한다. 시편 119편에서 다윗은 "주의 말씀은 내 발의 등이요 내 길의 빛이니이다"라고 고백하며 자신의 사고를 하나님의 말씀으로 점검했다. 반면에 사고가 멈춘 신앙은 타성에 젖은 종교로 전락한다. 외적으로는 신앙의 틀을 유지하고 있을지라도 내면에서는 질문이 사라지고 생명력도 함께 소멸되기에 스스로 종교적인 무거운 짐을 질 수밖에 없다.

결국, 사고는 단순한 지적 활동을 넘어 우리가 진리를 향해 나아가고 삶의 중심을 세우는 길이다. 우리는 사는 날 동안 질문을 던지고 다시 생각하며 그 생각을 삶 속에서 실천하며 살아야 한다. 사고하는 사람만이 시대를 분별할 수 있고 흔들리지 않는 기준을 세울 수 있다. 그러므로 우리는 하나님 앞에 끊임없이 사고하며 서야 한다.

셋째, 사고와 실천은 반드시 유기적으로 연결되어야 한다. 개념 없는 실천은 감정에 치우친 충동이나 일회성 행동으로 끝나기 쉽고 실천 없는 개념은 공허한 지식으로 남는다. 신앙의 개념은 책상 위의 이론이 아니라 삶의 구체적 자리에서 말과 행동, 관계로 드러나야 한다.

오늘날 그리스도인은 가정에서 부모, 배우자, 자녀로서, 직장에서 동료와 상사로서, 교회에서 성도로서, 그리고 사회에서 시민으로서 신앙의 개념을 어떻게 구현할지 고민해야 한다. 매일의 삶에서 "내가 세운 신앙의 기준이 이 상황에서 어떻게 작동하는가?"를 스스로 질문해야 한다. 그리고 잘못된 기준이나 습관이 발견될 때마다 하나님의 말씀으로 돌아가 새롭게 정의하고 조정할 수 있어야 한다. 사고와 실천의 순환은 혼자서 하는 도를 닦는 행위가 아니다. 하나님과의 교제가 중심이 되어야 하며 이를 통해 신앙은 더욱 깊어지고 하나님의 뜻에 더 가까워진다. 예수님께서 마태복음 7장 24~27절에서 말씀하신 것처럼, '말씀을 듣고 행하는 자'는 반석 위에 집을 지은 지혜로운 사람이며, 이는 사고와 실천이 하나로 연결된 삶을 상징한다. 그러므로 우리는 신앙의 개념을 삶의 모든 영역에서 구체적으로 실천하며 그 실천을 통해 개념을 더욱 단단히 세워가야 한다.

결국, 개념 있는 그리스도인의 삶은 성령의 조명하심을 통해 하나님의 말씀으로 개념을 정립하고 삶의 구체적 자리에서 실천하는 삶이다. 하나님의 말씀으로 개념을 정립하는 순간, 이전에는 흐릿했던 삶의 방향이 명확해지고, 선택의 기로에서 무엇이 하나님의 뜻인지 분별할 수 있게 된다. 이는 마치 어두운 밤길에서 등불을 비추는 것과 같다. 말씀은 우리의 발걸음을 인도하고, 성령은 그 길을 걸을 용기를 준다. 말씀에 뿌리내린 사고와 실천은 우리가 누구인지 그리스도인의 정체성을 분명히 드러내며, 세상 속에서 하나님 나라의 빛을 비추게 된다. 개념 있는 그리스도인의 삶은 결코 쉽지 않지만, 이 길을 걷는 자는 하나님의 은혜와 동행하심을 경험하며 궁극적으로 주님께 영광을 돌리는 열매를 맺게 될 것이다.

4장

사고하지 않으면
누군가에게 지배받는다

지금까지 우리는 개념 있는 그리스도인이란 어떤 사람이며 그 삶이 개인과 공동체, 더 나아가 사회에 어떠한 영향을 끼치는지를 살펴보았다. 그리고 그러한 삶이 지속되기 위해서는 끊임없는 사고와 실천이 함께 이루어져야 함을 강조했다. 이제 이 장의 마지막 부분에서, 왜 사고하는 것이 그리스도인에게 선택이 아닌 의무이며 사고하지 않을 때 어떤 일이 벌어지는지를 진지하게 성찰하고자 한다.

사람이 사고하지 않으면 결국 타인의 생각에 휘둘리며 살아갈 수밖에 없다. 그럴듯한 논리와 유행하는 이야기, 다수의 의견, 또는 권위와 권력이 있는 사람의 주장 앞에서 자신의 판단 기준이 없는 사람은 쉽게 설득당한다. 스스로 생각하지 않으면 그들의 말을 쉽게 따라간다. 그러나 문제는 그들이 항상 진실을 말하지는 않는다는 데 있다.

영향력을 행사하려는 사람들, 혹은 타인을 지배하려는 이들은 종종 그들의 말에 본질과 의도를 숨긴다. 그들은 자신의 목적을 드러내지 않은 채, 겉으로는 정당해 보이는 논리, 실용주의적 결과, 감정을 자극하는 프레임을 통해 타인을 설득한다. 그러나 우리는 '그 말이 사실인가?, 그 말의 핵심은 무엇인가? 이 말은 누구를 위한 것인가? 어떤 가치관 위에서 말하고 있는가?'를 생각해 봐야 한다. 누군가의 말을 들을 때, 단순히 표현된 논리와 감정에 반응하기 전에 그 말의 중심에 있는 의도와 전제가 무엇인지를 파악하려는 태도가 필요하다. 아무리 논리가 정교하고 아무리 사회적으로 영향력 있는 인물의 말일지라도 바다가 산이 될 수 없고 산이 바다가 될 수 없는 것처럼, 바뀌지 않는 본질을 볼 수 있어야 한다. 말이 번

지르르하다고 해서 그 말이 진리가 아니기 때문이다.

오늘날 우리는 미디어와 SNS, 각종 콘텐츠를 통해 끝없는 정보와 주장을 접하고 있다. 그러나 그렇게 쏟아져 나오는 말들이 실제로 진실인지, 혹은 조작된 프레임인지에 대해서는 거의 고민하지 않는다. 다수가 그렇게 말하니까, 유명한 사람이 그렇게 말했으니까, 뉴스에서 반복되니까... 이런 이유로 너무 쉽게 받아들인다.

AI 플랫폼조차도 진실이라고 말하지만, 어떤 것들은 몇 단계만 검증해보면 복합적으로 예측하고 추론한 결과일 뿐 사실로 확인된 내용이 아님을 알 수 있다. 그러나 다수의 논리가 언제나 진실을 보장하지 않는다. 독일 국민 다수가 히틀러의 선전과 연설에 열광하며 나치즘에 동조했지만 그 결과는 세계대전과 유대인 대학살이라는 참혹한 비극이었던 것처럼 오히려 역사 속 많은 오류와 비극은 '다수의 이름으로' 정당화되어 벌어졌다.

성경은 이러한 위험을 분명히 경고한다. 바울은 골로새 교회에 보내는 편지에서 이렇게 말한다.

"누가 철학과 헛된 속임수로 너희를 사로잡을까 주의하라. 이것은 사람의 전통과 세상의 초등학문을 따름이요 그리스도를 따름이 아니니라" 골로새서 2:8

여기서 말하는 '철학'은 단지 철학이라는 학문 그 자체를 말하는 것이 아니라 하나님의 진리 위에 세워지지 않은 사람의 논리, 즉 세속적인 가치와 거짓된 전통, 시대의 풍조를 의미한다. 바울은 우리가 이러한 것들에 무방비로 노출될 때, 사고하지 않고 무비판적으로 따를 때, 결국 그리스도가 아닌 다른 것에 의해 사로잡히게 된다고 경고한다. 신앙도 마찬가지다. 사고하지 않는 신앙은 쉽게 맹신이 되고, 맹신은 이단과 전체주의 또는 세속적 이념에 쉽게 끌려가는 통로가 된다. 믿음은 맹목이 아니라 하나님 앞에서 성경을 기준으로 자유롭게 사고하고 선택하는 인격적인 결단이어야 한다.

구약의 사사시대는 사람들이 저마다 보기에 좋은 대로 생각하고 판단하며 살았다. 그래서 하나님은 사사들을 세워 하나님의 진리와 뜻이 무엇인지를 그들을 통해 전하셨다. 또한 이스라엘 백성들이 합리주의와 혼합주의에 빠졌을 때도 선지자를 통해 하나님의 기준을 다시 세우셨다. 우리도 그들과 같은 오류를 범하지 않기 위해 하나님의 뜻이 무엇이고 무엇이 핵심이며 무엇이 진실인지를 끊임없이 사고해야 한다.

북한에서 왜 수많은 사람들이 오랜 시간 독재 정권의 선전에 속을 수 있었을까? 그것은 단순히 정보가 차단되었기 때문만이 아니라 자유롭게 사고하는 습관 자체가 차단되었기 때문이다.

생각하지 않는 사람은 쉽게 지배받는다. 그리스도인조차 생각하지 않으면 세상의 흐름에 떠밀려 정체성을 잃게된다. 누군가가 설정한 기준과 프레임에 갇히게 되면 신앙의 기준과 중심을 잃는다. 그러므로 사고는 그리스도인의 의무이며 시대를 분별하는 영적 전쟁의 무기다. 개념 있는 그리스도인은 단지 똑똑한 신자가 아니다. 그는 하나님의 말씀을 중심에 두고, 그 기준으로 세상을 보고 듣고 판단하는 자다. 그는 질문하고 고민하고 확인하며 마침내 자신의 믿음을 삶 속에서 분명한 행동으로 증명해낸다.

사고하지 않으면 누군가가 당신을 대신하여 생각할 것이다. 그리고 사고하지 않으면 누군가에게 지배를 받게 될 것이다.

Epilogue

맺음말

오랜 세월 동안 나의 마음속에는 하나의 질문이 끊임없이 맴돌았다. "왜 사람들은 그토록 쉽게 그릇된 프레임에 갇히는가? 거짓이 분명해 보이는데도 어째서 그대로 받아들이는가? 왜 매스컴이 전달하는 메시지를 비판 없이 믿어버리는가?"

한때 언론은 사실을 있는 그대로 전달하는 것을 본분으로 여겼다. 그러나 이제 언론은 '사실'을 자신들이 전하고자 하는 '목적'을 위한 수단으로 활용하고 있다. 언론이 본래의 정체성과 본질과 의무를 잃어버린 것이다.

사람들과의 대화 속에서, 그리고 언론이 사실을 넘어 해석과 목적을 가미하여 보도하는 현실을 마주할 때마다, 이런 의문은 나를 깊이 괴롭혀 왔다. 그리고 나는 결국 한 가지 결론에 이르렀다.

사람들 안에 '기준'이 없거나, 그 기준이 모호하며, 개념이 정립되지 않았기 때문에 분별력을 잃고 표면적인 말이나 거짓된 프레임에 쉽게 휘둘린다는 것이다. 심지어 그리스도인들조차도 예외가 아니다.

이 땅의 그리스도인들만이라도 성경적 개념과 가치관으로 사회를 바라보았더라면 지금과 같은 혼란은 이토록 깊어지지 않았을 것이다. 성도들이 깨어서 분별력을 갖추었다면 이 사회가 이렇게 방향 없이 표류하는 배처럼 되지는 않았을 것이다.

지금 이 시대는 단순한 혼란의 시대가 아니다. 이념과 사상의 영적 전쟁을 치르는 격돌의 시대이다. 그런데도 많은 그리스도인들은 여전히 세상의 기준을 따르며 성경적 분별 없이 왜곡된 개념 속에 머물러 있다. '세상은 세상이고 교회는 교회'라는 이분법적 사고에 갇혀 있는 것이다. 그러나 이러한 태도는 성도로서 결코 바람직하지 못하다. 교회는 세상의 중심이 되어야 하고 세상의 눈이 되어야 하며 길잡이가 되어야 한다. 그럼에도 불구하고 이분법적 논리는 교회를 세상에서 분리시켜 버렸다. 이는 곧 이 사회가 암흑의 바다 속에서 방향을 잃고 헤매는 동안, 교회는 등대의 역할을 포기한 것과 다름없다. 그러므로 이제 교회는 오직 성경을 삶의 기준으로 삼아야 하며 성령의 인도하심을 간절히 구해야 한다.

우리는 무너진 예루살렘의 성벽을 다시 쌓았던 느헤미야의 시대처럼, 신앙의 기준을 회복한 에스라의 종교개혁처럼, 신앙의 성벽을 다시 세워야 한다.

이 책을 통해 나는 성경적 가치관과 국가관, 세계관에 기초한 바른 의식을 갖춘 그리스도인이 세워지기를 기도한다.

"너희는 이 세대를 본받지 말고 오직 마음을 새롭게 함으로 변화를 받아 하나님의 선하시고 기뻐하시고 온전하신 뜻이 무엇인지 분별하도록 하라" 로마서 12:2

참고 문헌

성경(개역개정)

이승만, 『독립정신』, 비봉출판사, 2018

유영익, 『이승만의 생애와 건국비전』, 청미디어, 2019.

강인철, 『한국기독교와 국가시민사회(1945~1960)』, 한국기독교역사연구소, 2003

김흥수, 『한국기독교사 탐구』, 대한기독교서회, 2011

강석진, 『북한 교회사』, 쿰란출판사, 2022

제임스 사이어, 『기독교 세계관과 현대사상』 김헌수 옮김, IVP, 2007

지현아, 『자유찾아 천만리』, 제이앤씨커뮤니티, 2011.

강명도, 『이제는 말할 수 있다』, 킹덤북스, 2017.

박정희 대통령, 「경제개발 5개년 계획 발표 연설문」, 1962.

김용삼, 『혁명2(대한민국 근대화 대통령 박정희)』, 지우출판, 2019.

조선일보, 「군인 박정희를 세계적 지도자로 만든 세 가지 '깊은 생각'」, 2024.

한시준, 『김구』, 역사공간, 2020.

박명림, 『한국전쟁의 발발과 기원』, 나남출판, 1996.

조선일보, 「"자유 투사" 이승만의 절규, "나는 왜 홀로 섰는가!"」, 2024.

중앙일보, 「[최초 공개] 美 비밀문건서 확인한 이승만의 결단」, 2015.

Eric Metaxas, 『Amazing Grace: William Wilberforce and the Heroic Campaign to End Slavery』 Harpercollins, 2007

윌리엄 윌버포스, 『윌리엄 윌버포스의 위대한 유산』, 요단출판사, 2013

이승만, "공산당에 대한 나의 입장", 서울중앙방송국 연설, 1945년 12월 19일.

인보길 기자, 〈이승만 건국사(37) 이승만 '반공' 선언…"공산당은 제 조국 소련으로 가라"〉 뉴데일리, 2023.05.03.

김삼웅, 『이승만 평전』, 두레, 2020

크레이그 S. 키너(Craig S. Keener), 『키너요한복음1』, 이옥용 옮김, CLC(기독교문서선교회), 2018

디트리히 본회퍼. 『나를 따르라』. 손규태, 이신건 옮김, 대한기독교서회, 2010.

디트리히 본회퍼. 『윤리학』. 정현숙 옮김, 복있는사람, 2022.

Eric Metaxas. 『디트리히 본회퍼: 목사, 순교자, 예언자, 스파이』. 김순현 옮김. 포이에마, 2011.

Timothy Keller. 『정의란 무엇인가』. 최종훈 옮김. 두란노서원, 2012.

박용규. 『한국기독교회사』. 한국기독교사연구소, 2017.

Russell Kirk. 『보수의 정신』. 이재학 옮김. 지식노마드, 2018.

한국민족문화대백과사전. "3·1운동", "민족대표33인". 한국학중앙연구원. https://encykorea.aks.ac.kr

Lincoln, Abraham. Collected Works of Abraham Lincoln, edited by Roy P. Basler. Rutgers University Press, 1953. / 제2차 취임 연설과 게티즈버그 연설 원문.

Carwardine, Richard. Lincoln: A Life of Purpose and Power. New York: Knopf, 2006.

개념있는 그리스도인

초판 1쇄 발행 2025년 7월 15일

지은이 김대광
발행처 도서출판 길
출판신고 2010년 9월 18일 제2010-000075호
주소 경기 성남시 분당구 야탑로 65번길 8(야탑동 354-4) 나인투빌딩 403호
전화 (031)701-0436
홈페이지 www.booksgil.com
디자인 김민구

ISBN 979-11-993544-0-1

이 책은 저작권법에 따라 보호받는 저작물이므로 무단 전재와 복제를 금합니다.
이 책의 저작권은 저작권자와의 독점계약으로 도서출판 길에 있습니다.
이 책의 전부 또는 일부를 이용하시려면 반드시 저작권자와 도서출판 길의 서면동의를 받아야 합니다.

• 잘못된 책은 구입하신 곳에서 바꾸어 드립니다.